Auch die stärksten Schmetterlinge im Bauch verschwinden nach höchstens 18 Monaten – das haben Forscher nachgewiesen. Bei den meisten Paaren sind romantische Momente deshalb so selten geworden wie Weihnachten. Dieses Buch enthält einen reichen Schatz romantischer Ideen: von alltäglich bis abgedreht, von billig bis teuer, für Männer und Frauen – sofort einsatzbereit und überraschend wirkungsvoll. Wenn Sie eine Idee pro Woche umsetzen, haben Sie für die nächsten 19 Jahre ausgesorgt! Fangen Sie am besten mit Nr. 57 an – Ihr Partner wird nie mehr ohne einschlafen wollen. Oder suchen Sie sich Ihre ganz persönliche Romantik-Idee aus den restlichen 1000 Vorschlägen aus – Hauptsache, Sie überlassen Ihr Liebesglück nicht mehr dem Zufall!

Volker Kitz, geboren am Valentinstag 1975, wurde die Romantik buchstäblich in die Wiege gelegt. Er studierte Jura und Psychologie und absolvierte eine Schauspielausbildung am Lee Strasberg Theatre Institute in New York. Nebenbei trat er als Schlagersänger auf und beschloss schließlich, die Romantik von der Bühne ins wahre Leben zu bringen. Als Deutschlands »Botschafter der Liebe« hilft er seitdem unzähligen Paaren, ihre Liebe in beständiges Glück zu verwandeln. Er lebt als freier Autor in Köln.

Unsere Adresse im Internet: www.fischer-tb.de

VOLKER KITZ

♥ *1001 romantische Idee …* ♥

… für alle,
die mehr aus ihrer Liebe
machen wollen

Fischer
Taschenbuch
Verlag

Veröffentlicht im Fischer Taschenbuch Verlag,
einem Unternehmen der S. Fischer Verlag GmbH,
Frankfurt am Main, Februar 2004

Lizenzausgabe mit Genehmigung des
Krüger Verlages, Frankfurt am Main

Satz: Pinkuin Satz und Datentechnik, Berlin
Druck und Bindung: Clausen & Bosse, Leck
Printed in Germany
ISBN 3-596-15907-5

Das Gewand der Liebe
ist aus dem Stoff des Alltags gemacht.
Paul Balkovac

Inhalt

Für die romantischen Momente in Ihrem Leben

»Die Romantik liegt im Auge des Betrachters«, so Kurt Tucholsky. Gesteht der eine auf einer großflächigen Plakatwand seiner Auserwählten und aller Öffentlichkeit seine Hingabe, reicht der anderen eine verschlüsselte SMS, um ihren Liebsten während eines Geschäftsmeetings für ganz private Momente am Abend in Stimmung zu bringen. Unbestreitbar aber bleibt, dass der Beziehungsalltag Romantik braucht wie das Salz in der Suppe – egal, ob frisch verliebt oder schon am x-ten Hochzeitstag angekommen.
Aber was, wenn bei Ihnen romantische Momente so selten geworden sind wie Weihnachten?

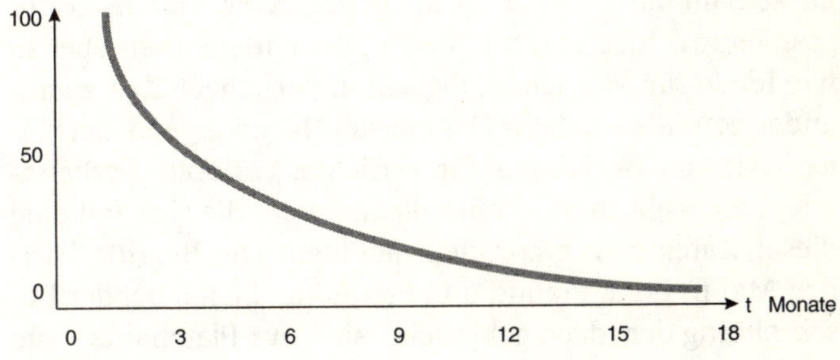

Italienische Forscher haben herausgefunden, dass man ein Verliebtheitsgefühl anhand des Nervenhormons Serotin im Körper messen kann. Nachweislich ist dieses Gefühl nach höchstens 18 Monaten verschwunden. Wer sich auch danach noch eine Partnerschaft mit Pep wünscht, muss sich also etwas einfallen lassen.

Das wichtigste Fach haben wir in der Schule nicht gelernt!

Wir haben in der Schule gelernt, was eine Primzahl ist und wie die Verdauung einer Amöbe funktioniert. Aber die wahren Geheimnisse eines glücklichen Lebens – die der Liebe und Romantik – hat man uns nicht beigebracht. Ich habe dieses Buch geschrieben, um damit die Zeit zu überbrücken, bis Romantik als Schulfach entdeckt wird. Es soll kein Buch der allgemeinen Ratschläge sein, kein Buch mit vielen eng bedruckten Kapiteln, die Sie ohnehin nicht lesen. Dieses Buch enthält konkrete Ideen für eine romantische Liebe – schlagen Sie einfach eine Seite auf und verwirklichen Sie eine der Ideen!

Und sagen Sie nicht, Sie hätten nichts Passendes gefunden: Diese Sammlung enthält Alltägliches, Ausgefallenes, Billiges, Teures, Ideen zum Flirten und Kennenlernen ebenso wie Ideen für Menschen, die schon vor langer Zeit zueinander gefunden haben. Die meisten Ideen eignen sich für jede Art von Beziehung: für Verliebte, Verlobte, Verheiratete, Lebenspartner und für alle anderen, die sich in keine dieser Kategorien einordnen möchten. Die Begriffe Partner, Mann, Frau, Freund und Freundin, die ich bei der Beschreibung der Ideen gebrauche, sind nur Platzhalter – die große Mehrzahl der Ideen funktioniert unabhängig von Geschlecht und Art der Beziehung. Meine Vorschläge sollen überall da verwirklicht werden, wo zwei Menschen sich lieben.

Werden Sie selbst kreativ!

Bekommen Sie ein Gespür für romantische Momente! Lernen Sie, wie man Romantik inszeniert! Überlegen Sie, während Sie durch die Ideen in diesem Buch stöbern, warum Sie den beschriebenen Moment oder die vorgeschlagene Handlung jeweils romantisch finden. Ist es, weil Sie mit Ihrem Partner etwas völlig Neues entdecken? Weil Sie Altbekanntes plötzlich in einem aufregend neuen Licht sehen? Oder einfach nur, weil Sie den Rest der Welt für einen wunderschönen Moment lang ausblenden? Schenken Sie den glücklichsten Minuten, Stunden oder Tagen des gemeinsamen Lebens ein wenig mehr Aufmerksamkeit, und Sie werden schon bald ein Profi der intuitiven Romantik und ein Botschafter der Liebe sein. Bitte lassen Sie mich wissen, welche Ideen Ihnen dabei in den Sinn kommen! Vielleicht werden Sie in einer weiteren Ausgabe dieses Buches mit Ihrer Idee namentlich erwähnt.

Und nun viel Spaß – beim Lesen, Ausprobieren und Selber-Erfinden!

Volker Kitz

Von einsam zu zweisam – Zum Kennenlernen und Flirten

♥1♥ Gehen Sie zusammen zum Konzert der Lieblingsgruppe Ihres Schwarmes und bringen Sie die Musiker dazu, ihn von der Bühne aus zu grüßen – von Ihnen. Natürlich müssen Sie dafür wahre »Groupie«-Aktivitäten entwickeln, etwa am Künstlereingang warten oder den Musikern einen Brief zukommen lassen. Einen Versuch ist es jedenfalls wert …

♥2♥ Wenn die Liebe nicht zurückruft, dann machen Sie Ihren Anschluss doch attraktiver: Lassen Sie sich von der Regulierungsbehörde für Post und Telekommunikation eine »FreePhone«-Nummer zuteilen. Sie beginnt mit 0800 und ist für den Anrufer kostenlos! Die Gesprächsgebühren werden Ihnen als dem Angerufenen berechnet. Nun geben Sie derselben Person noch mal Ihre (neue) Nummer und weisen Sie darauf hin, dass es jetzt sogar nichts mehr kostet, Sie anzurufen. Ich bin sicher, danach wird Ihr Telefon klingeln … Info: 01803/686637 oder E-Mail an: nummernverwaltung@regtp.de.

♥3♥ Wollen Sie eine neue Bekanntschaft »anbaggern«, finden aber nicht die richtigen Worte? Gehen Sie in die Spielzeugautoabteilung und kaufen Sie einen Bagger! Schenken Sie ihn Ihrer Flamme und sagen Sie, dass Sie sonst zum Anbaggern zu schüchtern sind. Übrigens: In der Spielzeugabteilung gibt es auch Abschleppwagen, aber das ist vielleicht eher etwas für ganz Direkte …

♥4♥ Ein schöner Weg, einer Person zu sagen, dass sie Ihre Herzdame oder Ihr Herzbube ist: Kaufen Sie viele, viele Skatkartensets und nehmen Sie die jeweilige Karte heraus. Mit diesen Karten können Sie nun eine Geschenkbox bekleben, eine Tischdecke für das Candle-Light-Dinner basteln, eine Collage gestalten, das Bett auslegen oder einfach »Frau Holle« spielen und die Karten auf Ihre(n) Auserwählte(n) herabregnen lassen.

♥5♥ Nehmen Sie eine Liebesbotschaft für Ihren Angebeteten auf Kassette auf. Kaufen Sie ein paar Sekunden Werbezeit im lokalen Radiosender (das ist wirklich nicht teuer) und lassen Sie das Band dort spielen. Sorgen Sie dafür, dass die »Zielperson« es auch hört!

♥6♥ Hängen Sie Plakate mit einer »geheimen« Liebeserklärung in der Stadt aus. Benutzen Sie zum Beispiel Ihre Initialien und schreiben Sie »SH liebt RG«. Fragen Sie die Inhaber der Geschäfte, in denen Ihre Angebetete oft einkaufen geht, ob Sie die Botschaften an deren Ladentür ankleben dürfen. Oder plakatieren Sie eine Bushaltestelle, an der die betreffende Person jeden Tag einsteigt. Falls Sie noch gar keinen Kontakt zueinander hatten, können Sie ja eine E-Mail-Adresse auf dem Plakat angeben.

♥7♥ Sind Sie zu schüchtern, um eigene Liebesbriefe zu schreiben? Lassen Sie einen anfertigen! Aufträge können Sie erteilen unter www.liebesbriefe.de.

♥8♥ Gehen Sie gemeinsam auf die Kirmes. Holen Sie Ihrer Flamme am Schießstand das größte Stofftier, das als Preis ausgestellt ist.

♥9♥ Je origineller Sie eine Einladung zum Date aussprechen, desto größer ist die Wahrscheinlichkeit, dass die Einladung angenommen wird. Der folgende Tipp hat schon viele zum Schmunzeln gebracht: Fahren Sie zum Haus Ihres Auserwählten und rufen Sie ihn über Handy in seiner Wohnung an. Nachdem Sie ein paar Minuten telefoniert haben, klingeln Sie an seiner Tür. Bedauern Sie, dass er ausgerechnet jetzt Besuch bekommt und Sie Schluss machen müssen. Legen Sie auf, um sich Sekunden später in die Augen zu sehen. Stellen Sie die Ausgeh-Frage, als wäre nichts gewesen, etwa »Lust auf Kino?«

♥10♥ Sagen Sie während Ihres ersten Dates, Sie müssten kurz die Toilette aufsuchen. Gehen Sie in Wirklichkeit zu einem Telefon (oder benutzen Sie Ihr Handy) und rufen Sie die Nummer Ihres Date-Partners an. Sprechen Sie »Danke für den schönen Abend« auf seinen Anrufbeantworter. Bringen Sie ihn am Ende des Abends auf jeden Fall bis vor seine Haustür – damit er sich auch schön über die Nachricht wundert, wenn er die Wohnung betritt.

♥11♥ Wenn Sie jemandem Ihre Liebe erklären wollen, dann haben Sie einen Vorteil, wenn Sie in einem Mietshaus mit Treppe wohnen (und dort nicht gerade im Erdgeschoss). Verwandeln Sie die Treppe einfach in eine

»Treppe zu meinem Herzen«, bevor Ihre Flamme Sie besucht: Legen Sie auf jede Stufe ein kleines Herz, das Sie vorher aus Papier ausgeschnitten und mit einem passenden Text beschrieben haben: »Noch ... Stufen zu meinem Herzen.« Die letzten Herzen führen bis vor Ihre Wohnungstür. Unten stellen Sie ein großes Schild auf, auf dem man lesen kann: »Folge der Treppe zu meinem Herzen.« Vielleicht sprechen Sie den Besuch darin namentlich an, damit er auch merkt, dass er gemeint ist – oder Sie machen es für ihn spannend bis zum letzten Schritt ...

♥12♥ Können Sie Ihre Angebetete beim ersten Date nicht mit einem teuren Flitzer beeindrucken? Mieten Sie ein Tandem und holen Sie Ihre Verabredung an der Haustür ab!

♥13♥ Nehmen Sie ein großes Stück Kreide und schreiben Sie eine Einladung zum Essen auf die Straße vor der Wohnung eines Menschen, den Sie gern näher kennen lernen möchten.

♥14♥ Sind Sie zu schüchtern, um jemandem zu sagen, dass Sie ihn mögen? Sagen Sie es durch die Blume: Entfernen Sie von einer Rose alle Blütenblätter und schneiden Sie aus rotem Papier eigene Blütenblätter aus. Schreiben Sie auf jedes Blütenblatt ein oder zwei Worte, sodass sich zusammen ein Satz ergibt, etwa »Du bedeutest mir sehr viel«. Kleben Sie die selbst gemachten Blütenblätter nun an den Rosenstiel und bringen Sie die Blume zu Ihrem nächsten Date mit.

♥15♥ Benutzen Sie das Fernsehen, um jemandem Ihre Liebe zu gestehen! In der Sendung »Nur die Liebe zählt« können Sie romantische Videobotschaften aufzeichnen und ausstrahlen lassen. Infos und Bewerbung über »Nur die Liebe zählt«, 50980 Köln, Tel. 0190/505090, www.sat1.de/ndlz, E-Mail: liebe@sat1.de.

♥16♥ Trauen Sie sich nicht, Ihrer Angebeteten einen großen Maibaum zu stellen? Schenken Sie Ihr einen Bonsai als Maibaum – natürlich geschmückt mit bunten Schleifen. Sie werden ihr Herz damit erweichen.

♥17♥ »Fensterln« Sie auf die moderne Art: Kaufen oder leihen Sie sich einen ferngesteuerten Lenkdrachen. Kleben Sie eine Nachricht an den Drachen (»Unten steht jemand, der dich gern kennen lernen möchte«) und lassen Sie ihn vor dem Fenster Ihrer Angebeteten aufsteigen.

♥18♥ Schlagen Sie einen Spaziergang durch die Stadt vor, wenn Sie aus der Wettervorhersage wissen, dass es regnen wird. Wenn Sie dann unterwegs vom Platzregen überrascht werden, flüchten Sie in die nächste Telefonzelle und wärmen Sie sich gegenseitig.

♥19♥ Die Amerikaner benutzen den Valentinstag, um einen Menschen, in den sie verliebt sind, auf sich aufmerksam zu machen: Traditionell schenkt man sich in den USA am Valentinstag Nelken – eine weiße Nelke steht dabei für einen heimlichen Verehrer. Man lässt sie anonym zustellen und wartet erst einmal ab, ob der Empfänger darauf kommt, von wem sie sein könnte. Wenn Sie dies in Europa tun, sollten Sie vielleicht eine kleine Karte an die Blume hängen, aus der sich ergibt, dass der Absender ein heimlicher Verehrer ist. Wenn Ihr Empfänger nichts von sich hören lässt, geben Sie ihm ein paar Hinweise, mit deren Hilfe er die Spur zu Ihnen zurückverfolgen kann …

♥20♥ Würden Sie sich gerne wieder mit Ihrem Partner versöhnen, von dem Sie vielleicht schon Jahre getrennt leben? Nutzen Sie den Weltfriedenstag am 17. November, um den ersten Schritt zu machen!

♥21♥ Wenn Sie eine alte Liebe zurückgewinnen wollen: Schreiben Sie auf einen Zettel die zehn schönsten Momente, die Sie miteinander hatten. Kaufen Sie dazu zehn Rosen und heften Sie einen kleinen Zettel an den Strauß: »Eine Rose für jeden der zehn schönsten Momente mit dir. Sehnst du dich auch danach zurück?« Legen Sie alles zusammen vor die Haustür Ihrer alten Liebe, klingeln Sie und verstecken Sie sich schnell in sicherer Entfernung.

Für Herzhafte

♥22♥ Ein Lebkuchenherz auf dem Jahrmarkt zu kaufen ist Standard. Überraschen Sie Ihren Freund mit etwas Besonderem! Kaufen Sie vorher ein unbeschriftetes Herz und tragen Sie zu Hause mit Backdekoration Ihre eigene, ganz persönliche Liebesbotschaft auf, die es so niemals zu kaufen gäbe. Nun sorgen Sie dafür, dass das Herz doch verkauft wird: Bitten Sie einen Jahrmarktverkäufer, das Herz bei ihm am Stand aushängen zu dürfen, bevor Sie mit Ihrem Freund daran vorbeischlendern. Die Verblüffung wird groß sein, wenn Sie dann plötzlich das individuelle Herz »entdecken« und ihm schenken!

♥23♥ Bei der »Herzgalerie« (DiehlDesign GmbH, Burgstraße 39, 60316 Frankfurt/Main, Tel. 069/24241751, www.herzgalerie.de) bekommen Sie »herz«liche Wandlampen fürs Schlafzimmer.

♥24♥ Kaufen Sie im Scherzartikelgeschäft Würfelzuckerstücke, die kleine Plastikherzen enthalten und freigeben, wenn sie aufgelöst sind. Überraschen Sie Ihren Mann mit einem solchen Herz, das plötzlich in seinem Kaffee schwimmt.

♥25♥ Das Herz können Sie danach recyceln, indem Sie »Eiswürfel mit Herz« herstellen – für liebevolle Kaltgetränke. Oder Sie kaufen gleich Eiswürfelmacher in Herzform und servieren Ihrem Partner einen eisgekühlten Liebescocktail! Wenn Ihre Frau lieber Eis am Stiel mag, versuchen Sie es doch mit entsprechenden Herz-Eisformen, die Sie nur mit Fruchtsaft füllen und in den Gefrierschrank stellen müssen.

♥26♥ Machen Sie eine Liebesbowle, für die Sie die Früchte in Herzform ausgeschnitten haben.

♥27♥ Mag Ihre Freundin Kunst? Schenken Sie ihr ein ganz persönliches Bild: Die »Herzgalerie« (Diehl-Design GmbH, Burgstraße 39, 60316 Frankfurt/Main, Tel. 069/24 24 17 51, www.herzgalerie.de) fertigt Herzmotive mit einer von Ihnen gewählten persönlichen Botschaft an.

♥28♥ Besorgen Sie eine Hand voll roter Gasluftballons. Kleben Sie sie mit Klebeband in Herzform zusammen und lassen Sie das Werk vor der Wohnung Ihres Liebsten in die Luft steigen.

♥29♥ Verblüffen Sie Ihren Freund mit einem »herz«-haften Cappuccino: Schneiden Sie sich aus Pappe eine Schablone in Herzform und streuen Sie mit deren Hilfe Kakaopulver auf den Milchschaum.

♥30♥ Bereiten Sie Ihrem Partner ein brennendes Herz: Nehmen Sie eine große Schüssel Obstsalat, gießen Sie Pernod in Herzform darüber und flambieren Sie!

♥31♥ Legen Sie in einem größeren Blumentopf ein Kressebeet für die Küche an – natürlich säen Sie die Kresse in Herzform ein und überraschen Ihre Freundin, wenn das Grün zu sprießen anfängt.

♥32♥ Kredenzen Sie Ihrem Liebling zum gemütlichen Fernsehabend Pizza aus dem heimischen Backofen – aber schneiden Sie aus dem runden Stück vorher ein Herz aus! Oder benutzen Sie eine Herzform, falls Sie den Pizzateig selbst machen.

♥33♥ Noch besser: Überreden Sie den Koch Ihrer gemeinsamen Lieblingspizzeria, Ihrer Freundin in Ihrem Beisein eine Herzpizza zu servieren! Überraschungseffekt garantiert!

♥34♥ Schneiden Sie den Frühstückstoast für Ihren Freund in Herzform. Nehmen Sie einen solchen Toast als Snack mit ins Büro – jeder eine Hälfte des Herzens!

♥35♥ Spielen Sie »Liebeslotto«: Füllen Sie gemeinsam einen Lottoschein aus und ordnen Sie die Zahlenkreuze in Herzform an.

♥36♥ Flussufer bieten einen schönen Tummelplatz für Verliebte: Die Kraft des Wassers formt Kieselsteine nach den Launen der Natur. Suchen Sie zusammen nach einem herzförmigen Stein!

♥37♥ Zeigen Sie Ihrem Schatz, welchen Sturm er in Ihrem Herzen auslöst! Schenken Sie ihm eine Herzsturm-Schneekugel, in der sich vor einem Foto von Ihnen roter Herzglitter bewegt. Zu bestellen bei Geschenke-Träume, Stockheimer Straße 26, 61197 Florstadt, Tel. 06041/821000, www.schneekugel-shop.de.

♥38♥ Verschenken Sie einen »Apfel mit Herz«: Nehmen Sie einen jungen, noch völlig grünen Apfel, kleben Sie eine aus dunkler Pappe ausgeschnittene kleine Herzschablone darauf und legen Sie ihn für eine Weile in die Sonne. Schon nach kurzer Zeit können Sie die Schablone abnehmen: Der Apfel hat rote Bäckchen bekommen – und auf ihnen strahlt ein grünes Herz.

♥39♥ Lackieren Sie Ihrer Freundin die Fußnägel: Malen Sie auf jeden Nagel ein rotes Herz.

♥40♥ Auch ohne besonderen Anlass können Sie Ihren Partner einmal herzlich überraschen: Dekorieren Sie die ganze Wohnung mit »Herzartikeln«, bevor Ihr Liebster nach Hause kommt: Herzluftschlangen, Herzluftballons, Herzservietten, Herzkonfetti, Herzgirlanden, Herzkerzen –

einfach mit allem, was Sie in den örtlichen Geschäften in Herzform finden können! Ein gut sortiertes »Herzsortiment« hat auch der Onlinehändler www.weddix.de.

♥41♥ Spielen Sie Boule mit zwei Herzen: Besorgen Sie sich zwei rote Holzherzen, von denen jeder eines auswirft. Der andere muss nun versuchen, mit seinen Boulekugeln dem jeweils fremden Herz so nahe wie möglich zu kommen.

♥42♥ Machen Sie ein Spiegelei in Herzform mit »Eggheart«, der Spiegeleiform. Zu bestellen bei Hoge Online Shop, Tel. 0 29 21 / 1 39 92, www.hoge.de.

♥43♥ Ich kenne ein Paar, das einen herzförmigen Pool im Garten hat. Vielleicht denken Sie über die Idee nach, wenn Sie Ihr neues Heim planen.

Für junges Gemüse

♥44♥ Wenn Sie in der ersten Verliebtheitsphase sind: Schreiben Sie jeden Tag auf einen kleinen Zettel, was Ihnen heute ganz besonders an Ihrer neuen Flamme gefallen hat, und sammeln Sie die Zettel. Nach 100 (oder 200 oder vielleicht sogar 365) Tagen kaufen Sie 100 (oder 200 oder 365) Rosen und hängen an jede einen der kleinen Zettel. Schenken Sie Ihrem Partner den riesigen Strauß als eindrucksvolles Dankeschön für die wunderbare Zeit zu zweit.

♥45♥ Hatten Sie das »erste Mal« in sexueller Hinsicht schon vor Ihrem jetzigen Partner, in den Sie sich nun sehr verliebt haben? Das geht den meisten Paaren so, und viele von ihnen wünschen sich, sie könnten das »erste Mal« miteinander verbracht haben, denn »erste Male« machen Beziehungen immer zu etwas Besonderem. Besinnen Sie sich darauf, was es außerhalb des sexuellen Bereiches noch alles gibt: Machen Sie eine Liste von Dingen, bei denen Ihr derzeitiger Partner »der Erste« in Ihrem Leben war. Vielleicht war er der Erste, der Ihnen ein bestimmtes Kompliment gemacht hat, der Ihnen Ihr Lieblingsgericht gekocht hat oder mit dem Sie ein bestimmtes Lied gehört haben. Es gibt so viele Dinge, die auch Ihre aktuelle Beziehung einmalig machen.

♥46♥ Pflanzen Sie gemeinsam einen Baum, möglichst bald nach Ihrem Kennenlernen. Es wird Ihr Beziehungsbaum werden – wenn Gott will, über eine lange, lange Zeit hinweg.

♥47♥ Falls Ihnen der Platz für einen eigenen Baum fehlt, dann machen Sie es eben klassisch: Ritzen Sie ihre Namen in eine Baumrinde im Wald ein. Jahrzehnte später können Sie dann gemeinsam an diesen Ort Ihrer Liebesbeteuerung zurückkehren – und den Baum hoffentlich noch vorfinden.

♥48♥ Besuchen Sie zusammen eine Schaumparty! Man erscheint leicht bekleidet und tollt auf einer Tanzfläche herum, auf der einem der Schaum buchstäblich bis zum Halse steht. Als Liebespaar können Sie dort prima untertauchen. Schaumpartys finden überall statt; halten Sie die Augen für Ankündigungen offen.

♥49♥ Feiert in Ihrem Bekanntenkreis jemand goldene oder gar diamantene Hochzeit? Gehen Sie zur Feier und erheben Sie vor allen Gästen Ihr Glas. Sprechen Sie einen Toast auf Ihr eigene – junge – Beziehung aus und schließen Sie mit dem Wunsch, dass Ihre Beziehung mindestens zehnmal so lange hält wie die der Jubilare …

♥50♥ Das Klassikergeschenk unter frisch Verliebten: das Kinderbüchlein »Weißt du eigentlich, wie lieb ich dich hab?« von Sam McBratney und Anita Jeram.

♥51♥ Schaffen Sie ein sichtbares Zeichen Ihrer wachsenden Beziehung: Nehmen Sie eine große Glasschale und legen Sie jeden Tag ein Reiskorn hinein.

♥52♥ Besuchen Sie zusammen die Loveparade in Berlin, die Veranstaltung für Liebe und Harmonie! Infos: www.loveparade.de.

♥53♥ Wenn Sie frisch verliebt sind: Reservieren Sie schon jetzt in einem schönen Restaurant einen Tisch für zwei für das Datum Ihres ersten Kennenlernjahrestages. Wenn Sie schon ein paar Jahre verheiratet sind: Reservieren Sie schon jetzt einen Tisch für Ihre goldene Hochzeit!

♥54♥ Trocknen Sie die erste Rose, die Sie von Ihrem Partner geschenkt bekommen haben, und bewahren Sie sie an einem ganz besonderen Ort auf.

♥55♥ Haben Sie sich gerade erst kennen gelernt? Schicken Sie sich einen »Brief in die Zukunft«: Schreiben Sie auf, wie verliebt Sie sind, was Sie jeweils an Ihrem Partner fasziniert, welche Träume und Wünsche Sie haben. Stecken Sie den »Brief« in einen Umschlag, adressieren Sie diesen an sich selbst und schicken Sie in ab. Wenn er ankommt, lassen Sie ihn verschlossen und bewahren Sie ihn an einem sicheren Ort auf. Viele Jahre später können Sie diesen Brief einmal gemeinsam öffnen und sich in die aufregende Zeit Ihres Kennenlernens zurückversetzen lassen.

Für Kussmünder

♥56♥ Am 6. Juli ist Welttag des Kusses. Besinnen Sie sich einmal wieder darauf, wie viele verschiedene Möglichkeiten es gibt, den Körper Ihres Partners zu küssen. Feiern Sie den Welttag nachhaltig.

♥57♥ Tauchen Sie Ihre Lippen in flüssige Blockschokolade (Vorsicht, nicht zu sehr erhitzen!), bevor Sie zum Gutenachtkuss ins Schlafzimmer kommen. Einfacher, aber weniger »zum Anbeißen«: Benutzen Sie flüssigen Bienenhonig.

♥58♥ Spielen Sie während einer Autofahrt ein Spiel: Jedes Mal, wenn Sie ein rotes Auto auf der Straße fahren sehen, dürfen Sie Ihren Partner küssen. Begegnet Ihnen ein blaues Auto, darf Ihr Partner Sie küssen. Am besten zählen Sie, wie viele Küsse jeder »gewonnen« hat, und lösen die »Gewinne« ein, wenn Sie an Ihrem Ziel angekommen sind.

♥59♥ Bringen Sie Dynamik in Ihr Kussleben: Sicherlich kennen Sie die Geschichte von den Reiskörnern, die auf die Felder eines Schachbretts gelegt werden – und zwar auf jedes Feld doppelt so viele wie auf das Feld zuvor. Um das ganze Schachbrett zu füllen, würde die gesamte Welternte an Reis nicht ausreichen. Spielen Sie dasselbe Spiel mit Küssen! Küssen Sie sich jeden Tag doppelt so oft wie am Tag zuvor. Wie lange halten Sie durch?

♥60♥ Basteln Sie die Geburtstagskarte für Ihren Freund selbst: Tragen Sie einen schönen Lippenstift auf und »küssen« Sie mehrmals damit ein Stück weiße Pappe. Besprühen Sie die Karte mit Haarlack und falten Sie sie in der Mitte. Jetzt müssen Ihnen nur noch ein paar anregende Worte einfallen …

♥61♥ Der längste offiziell gemessene Kuss der Welt dauerte 30 Stunden und 45 Minuten! Trainieren Sie gemeinsam, um den Rekord zu brechen!

♥62♥ Küssen Sie Ihren Liebling auf die Wange – in der Mitte des Satzes, den er gerade sagt.

♥63♥ Küssen Sie Ihren Partner an einer Körperstelle, an der Sie ihn noch nie geküsst haben.

♥64♥ Küssen Sie sein Frühstücksei, bevor Sie es ihm servieren – mit viel rotem Lippenstift!

♥65♥ Probieren Sie einmal den »Kaviarkuss«: Kaufen Sie ein Döschen Lachskaviar und nehmen Sie eine Kaviarperle heraus. Legen Sie sie vor dem Küssen auf die Zunge und beginnen Sie das Geschicklichkeitsspiel: Die Perle muss von einem Mund in den anderen wandern, immer hin und her, bis sie endlich zerplatzt …

♥66♥ Schließen Sie beim Küssen nicht die Augen, sondern schauen Sie sich gegenseitig hinein – gaaanz tief.

♥67♥ Brausepulver macht Ihre Küsse noch prickelnder!

♥68♥ Nutzen Sie die Zeit im Auto, wenn Sie an einer roten Ampel anhalten müssen: Küssen Sie sich!

♥69♥ Viele Paare haben vor lauter Zungenküssen vergessen, wie sensibel ihre Lippen sind und wie sinnlich ein bloßer Lippenkuss ist. Entdecken Sie es neu: Küssen Sie sich einmal nur mit den Lippen – aber nicht flüchtig, sondern lange. Lassen Sie Ihre Lippen sich einfach berühren und spüren Sie den Atem Ihres Partners. Reiben Sie Ihre Lippen leicht über die Ihres Partners. Probieren Sie auch, sich NUR mit den Lippen zu berühren und mit keinem anderen Körperteil, auch nicht mit den Händen.

♥70♥ Probieren Sie den »Funkenkuss«: Manchmal laden wir uns unwillkürlich mit elektrischer Energie auf, etwa wenn wir über einen tiefen Teppich laufen. Berühren wir dann jemanden, gibt es einen elektrischen Schlag, den wir als unangenehm empfinden. Machen Sie etwas Angenehmes daraus! Laden Sie sich absichtlich auf, indem Sie mit Gummisohlen über den Boden schleifen. Gehen Sie dann zu Ihrem Schatz und berühren Sie ihn mit dem Lippen zuerst! Ich verspreche Ihnen: Noch nie hat sie bei einem Kuss derart prickelnd der Schlag getroffen …

♥71♥ Küssen Sie sich unter der Dusche – gaaanz lange! Spüren Sie mit geschlossenen Augen, wie das Wasser über Ihre Körper rinnt und Ihrer Begegnung noch mehr Leidenschaft verleiht …

♥72♥ Haben Sie schon das Ohr als Kussobjekt entdeckt? Kaum einen Liebhaber macht es nicht feurig wild, wenn sein Ohr mit Zunge und Lippen sanft massiert wird.

♥73♥ Küssen Sie Ihren Partner sanft auf die geschlossenen Augen und fühlen Sie die zarte Haut der Augenlider!

Für Abenteuerlustige

♥74♥ Achtung! Der folgende Sachverhalt verstößt gegen § 123 des Strafgesetzbuches (Hausfriedensbruch) und wird daher nicht zur Nachahmung empfohlen. Dennoch finde ich ihn erwähnenswert …
Ein Freund, der in einem Mietshaus wohnt, erzählte mir, was ihm regelmäßig einen besonderen Kick bereitet: Jedes Mal, wenn sein Nachbar nicht zu Hause ist, öffnen er und seine Freundin mit einer Scheckkarte dessen Wohnungstür. In der fremden Wohnung haben sie leidenschaftlichen Sex, um dann schnell wieder zu verschwinden, als wäre nichts gewesen. Das gehe angeblich schon seit eineinhalb Jahren so, ohne dass der Nachbar jemals etwas bemerkt habe …

♥75♥ Auch haben sich schon Paare in Möbelhäusern nach Feierabend einschließen lassen. Natürlich ist das genauso strafbar und deshalb nicht nachzuahmen. Mein Tipp: Fragen Sie Ihren Nachbarn oder den Inhaber eines Möbelhauses einfach vorher um Erlaubnis. Dann machen Sie sich nicht strafbar …

♥76♥ Die Firma »faszinatur« bietet einen Wildniskurs an, bei dem Sie vier Tage lang in und mit der Natur das Überleben lernen. Wie wär's mit einer Paaranmeldung (Tel. 0 83 23 / 9 65 60)?

♥77♥ Gehen Sie gemeinsam an Ihre Grenzen: Melden Sie sich für eine Himalaja-Exkursion an. Möglich ist das über Hauser exkursionen (Tel. 089 / 235 00 60).

♥78♥ In Österreich können Sie in einem mysteriösen Geisterschloss zusammen Miss Marple spielen. Das Wochenende inklusive Krimi-Dinner ist buchbar bei: Hotel Schloss Wilhelminenberg, Savoyenstraße 2, A-1160 Wien, Tel. 00 43 / 1 / 4 85 85 03-0, http://www.austria-trend.at

♥79♥ Oder bringt nur ein Tandem-Drachenflug wieder Knistern in Ihre Beziehung? Überraschen Sie Ihren Partner mit einem Ticket (Infos unter http://www.flyforfun.com)!

♥80♥ Gelüstet es Sie nach einem deftigen Rittermahl in den Gemäuern einer historischen Burg? Buchen Sie ein mittelalterliches Mahl auf der Burg Hengebach, Mariawalder Straße 6, 52396 Heimbach, Tel. 0 24 46 / 12 90, www.burghengebach.de.

♥81♥ Ein Ausflug ins Mittelalter belebt die Fantasie: Besuchen Sie gemeinsam historische Märkte und Ritterturniere. Termine unter www.mittelalterlicher-markt.de.

♥82♥ Lassen Sie sich zusammen von lebensgroßen Dinosauriern faszinieren – im Saurierpark-Urzoo Kleinwelka, 02625 Bautzen, Tel. 03 59 35 / 30 36, www.saurierpark.de.

♥83♥ Fahren Sie zusammen in einer Geisterbahn auf dem Jahrmarkt und beschützen Sie einander …

♥84♥ Verschaffen Sie sich zusammen einen gehörigen Adrenalinkick: Machen Sie einmal Bungee-Jumping! Die Möglichkeit dazu besteht zum Beispiel an den Fernsehtürmen Hamburg und Dortmund oder der Olympia-Regattastrecke München. Kartenbestellung für alle Locations: Jochen Schweizer GmbH, Tel. 089 / 6 06 08 90.

♥85♥ Absolvieren Sie zusammen eine »Ranger-Grundausbildung« in Afrika! Drei Wochen gemeinsames Überleben in der Wildnis! Buchbar zum Beispiel bei Lernidee Reisen, Eisenacher Straße 11, 10777 Berlin, Tel. 030 / 7 86 00 00, http://www.lernidee-reisen.de.

♥86♥ Abenteuerlich kann es auch in der Nähe zugehen: Machen Sie Urlaub auf dem Bauernhof. Fragen Sie, ob Sie eine Nacht in der Scheune im Heu verbringen dürfen …

♥87♥ Entführen Sie Ihre Freundin für einen Abend auf einen Hochsitz im Wald. Nehmen Sie eine Flasche Sekt und eine Kuscheldecke mit und schauen Sie mal, was sich ergibt … Oder bauen Sie gleich Ihr eigenes Liebesbaumhaus!

I love you

♥88♥ Überweisen Sie Ihrem Mann einen Cent und schreiben Sie unter Verwendungszweck: »Ich liebe dich.«

♥89♥ Wollen Sie Ihren Schatz beim Nachhausekommen schon aus der Ferne strahlend begrüßen? Fertigen Sie ein Dia mit der Aufschrift »Ich liebe dich« (Sie können dazu beschriftbare Folie benutzen) und projizieren Sie die Botschaft von außen an die Hauswand.

♥90♥ Ich habe auch schon eine Hauswand gesehen, an der eine Leuchtreklame mit der Liebesbotschaft hing.

♥91♥ Teilen Sie Ihrem Freund anschaulich mit, dass er Sie im siebten Himmel schweben lässt: Schreiben Sie ihm eine Postkarte aus der norddeutschen Stadt Himmelpforten (PLZ 21709), dem brandenburgischen Himmelpfort (PLZ 16798) oder aus 97267 Himmelstadt in Bayern. Sie können natürlich auch als »Schatz von Wolke sieben« aus 51766 Engelskirchen schreiben.

♥92♥ Oder schicken Sie Ihrem Liebsten zum Valentinstag eine Karte aus »Loveland«. So heißt ein Ort in Colorado, dessen Postamt einen besonderen Service bietet: Jeder Brief, der dort eingeht, wird mit dem schönen Ortsstempel »Loveland« entwertet und weitergeschickt. Das einzige Hindernis besteht darin, dass Sie an amerikanische Brief-

marken kommen müssen, aber vielleicht denken Sie ja bei Ihrem nächsten USA-Aufenthalt daran, ein paar mitzunehmen (oder bitten Freunde oder Geschäftspartner darum). Adressieren Sie einen netten Valentinsbrief ganz normal an Ihren Partner und frankieren Sie ihn mit den amerikanischen Briefmarken als internationale Luftpost. Diesen Brief stecken Sie in einen weiteren, größeren Umschlag und senden ihn an folgende Adresse: Postmaster, attn.: Valentines, USPS, Loveland, CO 80537, USA. Planen Sie genügend Zeit für die Postwege ein!
Wenn Sie lieber einen Poststempel aus »Valentine« selbst haben möchten, richten Sie alles an: Cupid's Mailbox, PO Box 201, Valentine, NE 69201, USA.

♥93♥ Kaufen Sie Dekorationsmittel in der Backwarenabteilung ein und schreiben Sie Ihrem Freund ein Liebesgedicht auf einen Kuchen. Oder malen Sie vor dem Frühstück einfach ein Herz auf die Butter.

♥94♥ Schreiben Sie einen Liebesbrief, der WIRKLICH von Herzen kommt: Nehmen Sie ein Blatt Papier, schreiben Sie drauf los, alles, was Ihnen einfällt. Überlegen Sie nicht, korrigieren Sie nichts. Es wird der beste Brief werden, den Sie je geschrieben haben!

♥95♥ Haben Sie Ihren letzten Liebesbrief vor 20 Jahren geschrieben und finden Sie es nun albern, wieder damit anzufangen? Der Tag des Weltpostvereins am 9. Oktober bietet einen guten Anlass, mal wieder zur Feder zu greifen!

Die fünf schönsten Liebeszitate

Schön ist alles, was man mit Liebe betrachtet (Christian Morgenstern)

Liebe ist das Einzige, was wächst, indem wir es verschwenden (Ricarda Huch)

Einen Menschen lieben heißt einwilligen, mit ihm alt zu werden (Camus)

Ein Herz, das nie in Liebe lebt, hat nur geschlagen, nicht gelebt (Volksmund)

Das eben ist der Liebe Zaubermacht, dass sie veredelt, was ihr Hauch berührt, der Sonne ähnlich, deren goldner Strahl Gewitterwolken selbst in Gold verwandelt (Grillparzer)

♥96♥ Verschicken Sie einen Liebesbrief als Flaschenpost in der Badewanne. Oder benutzen Sie eine Plastikflasche, kleben Sie die Adresse außen darauf und schicken Sie die Flaschenbotschaft mit der normalen Post.

♥97♥ Es gibt Hörbücher auf Kassette; warum liefern Sie also nicht einmal einen »Hörbrief«? Sprechen Sie den Liebesbrief auf Tonband auf! In Ihrer Stimme wird er sich noch bezaubernder anhören.

♥98♥ Sagen Sie »Ich liebe dich« mal anders. Zum Beispiel

– auf Spanisch: »Te amo« (zugleich lateinisch)

– auf Französisch: »Je t'aime«
– auf Bayerisch: »I bin vernarrt in di«
– auf Esperanto: »Mi amas vin«
– auf Finnisch: »Mina rakastan sinua«.

Wenn Sie das alles durchhaben, schlagen Sie in einem Wörterbuch weitere Sprachen nach!

♥99♥ Das ist Ihnen alles zu zahm? Kaufen Sie sich das internationale Wörterbuch »Schmutzige Wörter« von Hella Thal. Perfekt sind Sie, wenn Sie auch noch den Namen Ihres Liebsten in die jeweilige Sprache übersetzen!

♥100♥ Verschenken Sie zum Valentinstag eine riiiesige Karte! Kaufen Sie dazu mehrere Bogen Zeichenkarton im Format DIN A2. Kleben Sie die Stücke zusammen und malen oder schreiben Sie eine gigantische Liebeserklärung darauf. Oder verwandeln Sie ein langes Stück Tapete in ein Liebesbanner.

♥101♥ Füllen Sie den Briefkasten Ihres Freundes randvoll mit Liebesperlen auf!

♥102♥ So geben Sie Ihren Briefen eine ganz persönliche Note: Lassen Sie in einem Stempelgeschäft eine Prägestanze mit einem selbst entworfenen Liebeslogo anfertigen. Damit können Sie dann Gutscheine und Liebesbriefe verzieren. Oder kaufen Sie ein Wachssiegel für Ihre Liebesbriefe.

♥103♥ Wenn Sie in verschiedenen Wohnungen leben und Ihr Freund regelmäßig Pizza bestellt, finden Sie heraus, welchen Lieferservice er bevorzugt. Schreiben Sie eine kleine Liebesbotschaft auf einen Zettel und bringen Sie ihn bei diesem Pizzaservice vorbei. Bitten Sie darum, dass er mit der nächste Bestellung an Ihren Freund ausgeliefert wird – im Pizzakarton.

♥104♥ Kochen Sie eine Buchstabensuppe, die ausschließlich die Buchstaben »ICH LIEBE DICH« enthält. Sie können den Text auch mit Buchstabenkeksen legen …

♥105♥ »Wenn die Suppe versalzen ist, ist der Koch verliebt.« Zeigen Sie ihm doch mal wieder mit einer versalzenen Suppe Ihre Liebe …

♥106♥ Schreiben Sie Ihrem Partner eine Liebesbotschaft in den Sand, wenn Sie im Badeurlaub sind. Oder benutzen Sie zu Hause frisch gefallenen Schnee als Schreibfläche …

♥107♥ Legen Sie den Satz »Ich liebe dich« mit roten Liebesperlen auf den Frühstückstisch, bevor Ihr Mann aus dem Bad kommt.

♥108♥ Erinnern Sie sich noch daran, wie Sie das »Sie-liebt-mich, Sie-liebt-mich-nicht«-Spiel mit Blütenblättern gespielt haben? Schaffen Sie Gewissheit! Schenken Sie Ihrer Freundin eine große rote Rose – und kleben Sie an JEDES Blütenblatt einen kleinen Zettel mit der Aufschrift: »Er liebt mich.«

♥109♥ Verstecken Sie einen Liebesbrief in einem Luftballon, blasen Sie ihn auf und legen Sie ihn Ihrer Freundin aufs Bett. Schüren Sie Neugier auf den Inhalt, die zwar nicht Ihre Freundin, aber den Ballon platzen lässt.

♥110♥ Nehmen Sie ein Blatt Papier und schreiben Sie in die erste Zeile »Ich liebe dich, weil …«. Ersinnen Sie dann zehn Gründe, weswegen Sie Ihren Partner lieben, und schreiben Sie sie in die Zeilen darunter. Legen Sie Ihrem Schatz das Blatt aufs Kopfkissen.

♥111♥ Schreiben Sie für Ihren Partner ein niemals endendes Liebesgedicht – fügen Sie einfach jeden Tag (oder auch jede Woche …) eine Zeile hinzu.

♥112♥ Halten Sie Ausschau nach Sonderbriefmarken, die etwas mit Liebe und Romantik zu tun haben. Kaufen Sie für Liebesbriefe einen Vorrat davon, wenn Sie die Möglichkeit dazu haben.

♥113♥ Schreiben Sie ein paar liebe Worte auf ein Blatt Origamipapier, falten Sie daraus ein Tier und schenken Sie es Ihrem Partner.

Liebe geht durch den Magen

♥114♥ Überreden Sie den Koch in einem Restaurant, das Lieblingsgericht Ihrer Freundin zu servieren – auch wenn es gar nicht auf der Karte steht.

♥115♥ Bestellen Sie im Restaurant aus der Karte die besonderen Partnergerichte. Oder bestellen Sie jeder ein eigenes Gericht und tauschen Sie jeweils die Hälfte davon mit Ihrem Partner aus. Wenn Sie das Essen nicht von Teller zu Teller hin und her schieben möchten, wechseln Sie doch einfach die Teller, wenn Sie beide die Hälfte aufgegessen haben ...

♥116♥ Nutzen Sie den gemeinsamen Sonntagabend und machen Sie ein gemütliches Fondue oder Raclette. Zelebrieren Sie das Essen über Stunden, anstatt schnell ein Abendbrot in sich hineinzuschlingen. Oder kaufen Sie sich einen Wok und weihen Sie ihn gemeinsam mit Freunden ein.

♥117♥ Entdecken Sie gemeinsam Neues: Probieren Sie ein Gericht, das Sie noch nie gegessen haben.

♥118♥ Suchen Sie nach extravaganten Menüzutaten? Trüffel ist mit Kilopreisen von bis zu 5000 Euro eine der teuersten essbaren Raritäten auf der Welt. Eine Knolle für zwei Personen bekommen Sie für etwa 20 Euro im Feinkostladen. Wenn Sie auf den Geschmack gekommen sind, sollten Sie die ausgefallenen Rezepte testen, die Trüffelnarr Ken Hom in seinem Buch »Trüffel« zusammengetragen hat.

♥119♥ Der Internet-Händler Wein24.de bietet Ihnen Weine mit Ihrem ganz persönlichen Etikett. Wie wäre es mit »Juliane & Christian forever« oder ähnlichen Aufdrucken?

♥120♥ Kreieren Sie für Ihre Frau ein eigenes Menü und geben Sie ihm einen aussagekräftigen Namen! Schreiben Sie das Rezept auf edlem Papier auf und überraschen Sie Ihre Frau mit einer Probierversion!

♥121♥ Garantiert mit Nebenwirkung: Hilary Johnstone, Craig Dodd: »Aphrodisiaka. Der kulinarische Weg zur Lust«.

♥122♥ »Frieren« Sie die Erinnerung an besondere Erlebnisse ein: Kaufen Sie einen guten Wein aus dem betreffenden Jahrgang und hüten Sie den Tropfen gut in Ihrem Weinkeller. Jahre später werden Sie bei einem gemeinsamen Schluck das angenehme Erlebnis von damals wieder lebendig machen können.

♥123♥ In manchen Lokalen gehört es zum letzten Schrei, dass feine Köstlichkeiten auf sinnlichen Frauenkörpern zum »Herunteressen« präsentiert werden. Das können Sie zu Hause auch! Servieren Sie IHM doch einmal süße Erdbeeren auf zarter Schmusehaut ...

♥124♥ Ein Kochbuchtipp: Gertrude Fein: »Das erotische Kochbuch«.

♥125♥ Überzeugen Sie den Inhaber Ihres Lieblingsrestaurants, seine Karte zu ergänzen. Wenn Sie dann mit Ihrer nichts ahnenden Freundin dort einkehren, wird sie Gerichte finden wie »Kuschelmenü für Sandra und Stefan« ... Am besten ist es natürlich, wenn die Kreation noch als »Empfehlung des Tages« ins Fenster gehängt wird.

♥126♥ Wenn Sie gemeinsam zum Essen ausgehen, nehmen Sie heimlich eine Kassette mit »Ihren« Songs mit und bitten Sie den Kellner unauffällig, sie einzulegen.

♥127♥ Schimpft Ihr Mann immer über das hektische Kantinenessen? Arbeiten Sie konspirativ mit seinem Chef oder einem Kollegen zusammen: Zaubern Sie in einem Nebenraum seines Arbeitszimmers ein Candle-Light-Dinner für zwei und bitten Sie ihn herüber, wenn er gerade zur Mittagspause in die Kantine eilen will.

♥128♥ Übernehmen Sie zusammen die Patenschaft für einen Weinstock! Das Paket enthält u.a.: ein gerahmtes Zertifikat, ein handgraviertes Messingschild am Weinstock, eine Flasche Pfälzer Wein jährlich und eine kostenlose Führung zum Weinstock. Kontakt: Weingut Kopp, Kaltenbrunnstraße 35, 76829 Ranschbach, Tel. 06345/918228, www.kopp-wein.de.

♥129♥ Überraschen Sie Ihren Mann mit seinem Lieblingsgericht – am Arbeitsplatz. Spielen Sie den ganz besonderen »Pizzaservice«.

♥130♥ Gefallen Ihnen die Straßenmusiker, die sich manchmal im Lokal an Ihren Tisch stellen und ein wenig Geige oder Gitarre spielen? Mieten Sie einen für Ihr ganz privates Dinner zu Hause! Wenden Sie sich dazu an die Künstlervermittlung des Arbeitsamtes oder sprechen Sie den Künstler in Ihrem Lieblingsrestaurant direkt an. Die Preise sind sehr erschwinglich! Oder recherchieren Sie in der Datenbank von www.smart-event.de.

♥131♥ Mieten Sie sich einmal einen persönlichen Butler für Ihr Candle-Light-Dinner zu Hause! Auch hier hilft das Arbeitsamt weiter!

♥132♥ Überraschen Sie Ihren Mann mit einer Einladung in ein schönes Restaurant, aber machen Sie es spannend: Schreiben Sie die Wegbeschreibung auf einen kleinen Zettel und stecken Sie sie hinter seinen Scheibenwischer, bevor er aus dem Büro kommt.

♥133♥ Sie möchten Ihre Frau zum Essen einladen? Kein Problem, aber machen Sie es bitte nicht langweilig. Wie wär's mit einer Schnitzeljagd? Verstecken Sie an verschiedenen Stellen im Ort Hinweise und führen Sie Ihre Frau langsam zu dem ausgewählten Lokal hin. Starten Sie frühzeitig, damit Sie die Reservierung einhalten können …

♥134♥ So zaubern Sie bei jedem Essen im Restaurant eine romantische Atmosphäre herbei: Nehmen Sie einfach vorher den Kellner beiseite und sagen Sie ihm, Sie und Ihr Partner würden heute Ihren Hochzeitstag feiern – egal, ob es stimmt oder nicht … Lassen Sie sich davon überraschen, wie besonders Essen und Service werden!

♥135♥ Bringen Sie sich bei einem Abend zu zweit mit einer leckeren Waldmeisterbowle in Stimmung, die Sie vorher zusammen zubereitet haben. Waldmeister hat sich schon in vielen Fällen als Aphrodisiakum bewährt. Übergießen Sie einfach Waldmeisterblätter mit Weißwein, lassen Sie das Gemisch ziehen und füllen Sie es kurz vor dem Trinken mit prickelndem Sekt oder Champagner auf.

♥136♥ Bereiten Sie ein etwas anderes Candle-Light-Dinner vor: Rücken Sie den Esstisch in die Mitte des Raumes. Besorgen Sie ausreichend viele Teelichter und stellen Sie sie in Form eines riesigen Herzens um den Tisch. Kurz bevor Ihr Liebster kommt, zünden Sie alle Kerzen an.

Digital Love

♥137♥ Schicken Sie Ihrem Partner Ihren eigenen »I-love-you-Virus«: »Bombardieren« Sie ihn mit 50 oder 100 Liebes-E-Mails gleichzeitig!

♥138♥ Erklären Sie Ihre Liebe vor aller Welt! Reservieren Sie eine Internetdomain nach dem Muster »www.ich-liebe-sylvia.de«. Das kostet Sie kaum etwas (etwa bei www.strato.de). Die Seite zu gestalten ist kinderleicht. Füllen Sie das Netz mit einem Liebesbrief, den jeder lesen kann!

♥139♥ Verbringt Ihr Liebster die Abende lieber vor dem Computer? Bestellen Sie ihm eine Kuscheldecke (100 Prozent reine Baumwolle) mit dem Aufdruck: »No internet tonight – please«. Gibt's bei der Firma anna blume, Tel. 0 92 81 / 16 09 68, www.annablume.de. anna blume verschickt auch flauschige Kuschelkissen und -shirts mit entsprechenden Aufdrucken.

♥140♥ Verschaffen Sie sich über einen Kollegen Einlass zum Arbeitsplatz Ihrer Frau und jubeln Sie ihr einen persönlichen Bildschirmschoner unter! Scannen Sie ein Foto von sich ein und speichern Sie es auf der Festplatte ab. Unter Arbeitsplatz/Systemsteuerung/Anzeige können Sie auf einer Windows-Oberfläche einstellen, dass Ihr persönliches Foto fortan als Bildschirmschoner erscheint.

♥141♥ Sie können Ihren Freund auch jedes Mal persönlich begrüßen, wenn er seinen Rechner einschaltet: Ist ein Mikrofon am Computer eingebaut, so sprechen Sie einfach einen Text wie »Hallo, mein Schatz« auf. Geben Sie dann die Sprachdatei unter Arbeitsplatz/Systemsteuerung/Akustische Signale als Sound für »Windows starten« an. Statt mit dem Windows-Klang wird Ihr Freund dann immer von Ihrer säuselnden Stimme begrüßt werden! Oder mailen Sie Ihrer Freundin einfach ein paar nette Worte per Sounddatei ins Büro.

♥142♥ Ist Ihre Partnerin eine süße Maus? Schenken Sie ihr eine E-Mail-Adresse »name@suesse-maus.de«! Sie müssen nur eine entsprechende Anfrage an webmaster@suesse-maus.de schicken.

♥143♥ Statten Sie sich und Ihren Partner mit einer Webcam aus. Die kann dann jeder von Ihnen an seinem Arbeitsplatz installieren, sodass Sie sich ständig im Blick haben.

♥144♥ Nehmen Sie einen Kuss auf eine gewöhnliche Video- oder Audiokassette auf und schicken Sie die Kassette Ihrem Partner. Er wird sich besonders darüber freuen, wenn Sie zum Beispiel länger verreist sind.

♥145♥ In Schaufenstern oder in Kneipen werden oft LED-Schriftlaufbänder mit Werbebotschaften eingesetzt.

Man kann einen Text einprogrammieren, der dann ständig über das Band flimmert. Kaufen Sie ein solches Gerät für zu Hause! Denken Sie sich jeden Tag einen lieben Spruch für Ihren Schatz aus und füttern Sie die Elektronik damit.

♥146♥ Versuchen Sie, »Ihren« Song aus dem Internet herunterzuladen, und hängen Sie ihn an die nächste E-Mail an, die Sie Ihrem Freund schicken. Er wird den Song dann automatisch hören, während er Ihre Mail liest.

♥147♥ Die besten Karten, Ihren Partner auf wirklich rührende Weise zu überraschen, besitzen Sie übrigens, wenn Sie rein gar nichts von Computer oder Internet verstehen. Verwirklichen Sie trotzdem einen der Tipps aus dieser Rubrik! Nehmen Sie sich einfach einmal ein bisschen Zeit, um zum Beispiel herauszufinden, wie Sie Ihrem Partner eine kurze E-Mail senden. Sie können einen Freund um Hilfe bitten oder den Internetzugang einer Arbeitskollegin benutzen.

Für Couchpotatoes

♥148♥ Die Amerikaner sind schon verrückt: Am 25. Januar feiern sie den »National Popcorn Day«. Seien Sie auch ein bisschen verrückt – machen Sie mal wieder eine riiiesige Ladung Popcorn zusammen und kuscheln Sie sich vor den Fernseher!

♥149♥ Ist Einkaufen im Supermarkt für Sie Stress? Lassen Sie Einkäufe frei Haus liefern und nutzen Sie die gewonnene Zeit für angenehmere Dinge.

♥150♥ Falls Sie einen Garten haben: Kaufen Sie sich eine Hängematte für kuschelige Stunden zu zweit. Falls Sie keinen Garten haben: Installieren Sie die Hängematte in Ihrer Wohnung!

♥151♥ Bringen Sie Ihrem Partner ein Spiel bei! Wählen Sie eines, das er »schon immer« von Ihnen lernen wollte (z. B. Schach oder Skat). Solche Spiele gibt es in jeder Partnerschaft!

♥152♥ Teilen Sie ein Kartenspiel in zwei Hälften. Schreiben Sie auf die eine Hälfte der Karten jeweils einen Körperteil (Bauch, Fuß, Ohr ...), auf die andere jeweils etwas, das man mit den Körperteilen machen kann (streicheln, küssen, massieren ...). Machen Sie zwei Stapel. Nun zieht jeder abwechselnd je eine Karte von einem Stapel und folgt der Anweisung, die sich aus den beiden Karten ergibt ...

♥153♥ Verbringen Sie einen ganzen Tag gemeinsam im Bett (aber wirklich einen GANZEN Tag)!
Oder: Verbringen Sie ein ganzes WOCHENENDE zusammen im Bett (kaufen Sie vorher genug Essen ein, das man nicht groß zubereiten muss).
Die Krönung: Nehmen Sie Urlaub und verbringen Sie eine GANZE WOCHE zusammen im Bett! Stehen Sie nur auf, um ins Bad und in die Küche zu gehen.

♥154♥ Kaufen Sie sich eine automatische Brotbackmaschine. Füllen Sie am Abend die Zutaten ein, programmieren Sie das Gerät und wachen Sie morgens zusammen zum Duft von frisch gebackenem Brot auf. Schneiden Sie das neue Brot an und frühstücken Sie ausgedehnt im Bett.

♥155♥ Kuscheln Sie so eng miteinander, dass Sie den Herzschlag des anderen hören können.

♥156♥ Kaufen Sie sich ein Fast-Food-Menü bei McDonald's oder Burger King und machen Sie mit Musik und Kerzenschein zu Hause ein romantisches Candle-Light-Dinner daraus.

♥157♥ Nähen Sie Ihrem Freund ein ganz persönliches Kuschelkissen. Verwenden Sie dafür flauschigen Stoff und schneiden Sie ihn in einer schönen Form zurecht – als Herz, Stern, Wolke oder Ähnliches. Füllen Sie das Kissen entweder mit Watte oder mit duftenden Lavendel- oder Rosenblüten.

♥158♥ Wechseln Sie die Fernsehcouch einmal gegen einen abwechslungsreicheren Ort aus! Gehen Sie an einem lauen Sommerabend in ein schönes Open-Air-Kino.

♥159♥ Stellen Sie sich eine »Schlechtwetterbox« zusammen: ein schönes Video, eine Flasche Champagner, ein wenig Massageöl (wie wäre es mit dem Produkt »Midnite Fire« in verschiedenen Geschmacksrichtungen, erhältlich im Erotikfachhandel), eine Kuschel-CD. Stellen Sie die Box in den Schrank und holen Sie sie hervor, wenn es draußen so richtig in Strömen regnet.

♥160♥ Lesen Sie beim Sonntagsfrühstück gemeinsam Ihr Horoskop für die kommende Woche.

♥161♥ Machen Sie regelmäßig gemeinsam einen Mittagsschlaf. Treffen Sie sich dazu in der Mittagspause zu Hause oder an irgendeinem anderen ruhigen Ort.

♥162♥ Füllen Sie zu Hause gemeinsam einen Lottoschein aus und wählen Sie wichtige Daten Ihrer Beziehung als Glückszahlen: das Datum Ihres Kennenlernens, des ersten Kusses … Verbinden Sie die Abgabe des Scheins mit einem kurzen Nachmittagsspaziergang.

Für Sparschweine

♥163♥ Sicherlich hat Ihre Freundin einen Spiegel zu Hause, den sie auch oft benutzt. Basteln Sie um den Spiegel ein großes Herz (zum Beispiel mit Krepppapier oder mit einer roten Luftschlange) und schreiben Sie in Ihrer Handschrift darüber: »Dieser Mensch ist immer in meinem Herzen.« Dann wird Ihre Freundin nicht nur ständig an Sie erinnert, sie weiß auch, dass Sie sie in Ihr Herz geschlossen haben, egal, wie sie gerade aussieht: verschlafen oder ausgehfertig, nackt oder angezogen, fröhlich oder traurig …

♥164♥ Schenken Sie Ihrem Partner zum Geburtstag »Liebestaler«. Diese kann er dann für über das alltägliche Maß hinausgehende zusätzliche Kuss-, Kuschel- oder Sexeinheiten bei Ihnen einlösen. Vereinbaren Sie feste »Tarife«, etwa ein Taler für einen Kuss, zwei Taler für eine Kuschelstunde …

♥165♥ Statt »Bargeld« können Sie Ihrer Freundin auch ein »Liebessparbuch« anlegen: Nehmen Sie ein Oktavheft und vermerken Sie eine »Einzahlung« von bestimmten Liebeseinheiten. Diese können wie die Taler eingelöst und »abgebucht« werden. Zu verschiedenen Anlässen wird das Konto geschenkweise neu aufgefüllt …

♥166♥ Haben Sie einen Rasen zu Hause? Mähen Sie ein Herz hinein und bitten Sie Ihre Frau nach draußen …

♥167♥ Besuchen Sie Ihren Freund spontan am Arbeitsplatz – nur ein paar Minuten, nur um ein paar liebe Worte zu sagen.

♥168♥ Führen Sie ein GEMEINSAMES Tagebuch! Schreiben Sie einen fortlaufenden Text, aber jeder benutzt eine eigene Farbe.

♥169♥ Erfinden Sie eine Geheimsprache, ganz so, wie Sie es vielleicht früher mit Ihren Geschwistern getan haben. Sie können zum Beispiel für jede Zahl einen Buchstaben festlegen, Buchstaben verdoppeln, rückwärts sprechen usw. Schreiben Sie Liebesbotschaften in dieser Sprache oder erklären Sie dem anderen in der Öffentlichkeit, dass Sie jetzt für ein Schäferstündchen zu Hause bereit wären ...

♥170♥ Ist Ihr Schatz ein Morgenmuffel? Führen Sie ihn sanft in den Tag – mit einer speziellen Morgenmuffelmassage.

♥171♥ Der längste Tag des Jahres ist der 20. Juni. Er soll nur Ihnen und Ihrer Liebe gehören! Nehmen Sie sich beide diesen Tag frei und verbringen Sie ihn miteinander.

♥172♥ Finden Sie heraus, an welcher Stelle Sie Ihre Freundin streicheln müssen, damit sie eine Gänsehaut bekommt. Lassen Sie sie nie mehr ohne Gänsehaut einschlafen!

♥173♥ Stellen Sie an einem sonnigen Tag zwei Liegestühle im Garten auf (oder nehmen Sie sie mit in den Wald), legen Sie sich hinein und suchen Sie gemeinsam nach »Gesichtern« in den Wolken.

♥174♥ Stecken Sie IHR eine Rose ins Haar, wenn Sie sie zum Date abholen.

♥175♥ Schreiben Sie etwas Liebes auf seinen Gips, wenn er den Arm gebrochen hat …

♥176♥ Zeigen Sie Ihrem Partner, wie er Halt und Schutz bei Ihnen findet: Stellen Sie sich hinter ihn, strecken Sie Ihren Arm aus und fordern Sie ihn auf, sich rückwärts umfallen zu lassen. Es kostet einige Überwindung, sich fallen zu lassen, und man schafft es nur, wenn man weiß, es ist jemand da, der einem auffängt.

♥177♥ Kennen Sie die Macht der Körpersprache? Probieren Sie es aus: Sprechen Sie einen Tag lang kein Wort miteinander, verständigen Sie sich nur durch Blicke und Gesten. Das schärft die Sensibilität füreinander. Außerdem fällt Ihnen vielleicht auf, über wie wenige Dinge Sie sich am Tag wirklich ernsthaft unterhalten.

♥178♥ Wenn Sie ein verschmutztes Auto an Straßenrand sehen, »verewigen« Sie sich, indem Sie Ihre Initialen darauf malen – umgeben von einem Herzen.

♥179♥ Zählen Sie im Sommerurlaub all die süßen Sommersprossen im Gesicht Ihrer Freundin. Geben Sie ihr auf jede ein Küsschen.

♥180♥ »Schenken« Sie Ihrem Schatz einen Teil von sich – das linke Ohr, den großen Zeh, den Nacken ... Schreiben Sie eine Geschenkurkunde darüber. Dafür muss Ihr Partner ab jetzt aber auch gaaanz lieb zu dem Körperteil sein ...

♥181♥ Machen Sie für Ihren Partner ein Hörspiel: Sprechen Sie seine Lieblingsgeschichte oder seine Lieblingsgedichte auf eine Kassette.

♥182♥ Pflücken Sie zusammen einen Strauß Gänseblümchen auf einer frischen Sommerwiese.

♥183♥ Feiern Sie mehrmals im Leben Polterabend: Wenn Ihnen zu Hause etwas hinfällt und zerbricht, ärgern Sie sich nicht. Rufen Sie stattdessen Ihren Partner und freuen Sie sich beide über den Scherbenhaufen, denn: Scherben bringen Glück!

Für Größenwahnsinnige

♥184♥ Spielt Geld für Sie keine Rolle? Kaufen Sie Werbefläche bei Ihrem öffentlichen Nahverkehrsbetrieb und lassen Sie Ihrer Freundin eine Liebesbotschaft auf die Straßenbahn pinseln!

♥185♥ Mieten Sie eine Plakatwand in der Nähe Ihrer Wohnung und tapezieren Sie sie mit Liebesschwüren für Ihre Freundin. (Ansprechpartner für die Vermietung finden sich meist auf kleinen Schildern an den Plakatwänden selbst.)

♥186♥ Verbringen Sie ein Wochenende in einem Luxushotel in Ihrer Heimatstadt, nur um sich gemeinsam im Bett verwöhnen zu lassen.

♥187♥ Tanzt Ihre Frau gerne? Wollen Sie sie mit etwas wirklich Extravagantem überraschen? Versuchen Sie, im Reisebüro Karten für den Wiener Opernball zu bekommen! Es ist nicht so schwer, wie Sie vielleicht denken.

♥188♥ Buchen Sie die »Champagnertage« im Hotel »Der kleine Prinz« in Baden-Baden (Lichtentaler Straße 36, 76530 Baden-Baden, Tel. 07221/346600). In Ihrer Suite mit Whirlpool erwartet Sie eisgekühlter Champagner nicht nur zur Begrüßung: Jeden Morgen gibt's ein Champagnerfrühstück am Bett, abends dürfen Sie sich auf ein 6-Gang-Degustations-Menü mit einem Champagnercocktail freuen. Info: http://www.derkleineprinz.de.

♥189♥ »Die blaue Lagune« ist ein filmbekannter Mythos. Gönnen Sie sich eine Woche in Ihrer eigenen Lagune! Ernst Forstmayr (über LANDMARK ONLINE GmbH, http://www.landmark-online.de) vermietet eine Villa in Le Beauvallon, Jamaika, inklusive Köchin, Roommaid und Kellner – und der blauen Lagune vor der Tür.

♥190♥ Der Eiffelturm ist vielen Liebespaaren schon zu gewöhnlich. Quartieren Sie sich doch im vielleicht höchsten Hotel der Welt ein – im Grand Hyatt Shanghai (Jin Mao Tower, 88 Century Boulevard, Pudong, Shanghai 200121, Volksrepublik China, Tel. 0086/21/50491234, www.shanghai.hyatt.com).

♥191♥ Das »Burj Al Arab« in Dubai ist mit 321 Metern zwar nicht ganz so hoch, ragt dafür aber mitten aus dem Meer und ist in seiner luxuriösen Ausstattung kaum noch zu überbieten. http://www.burj-al-arab-dubai.de.

♥192♥ Erfüllen Sie Ihrem Mann den Traum vom Fliegen! Einen Schnupperkurs in Andalusien bietet die Aldiana Flight Academy, Tel. 069/63 15 39 96. Beweisen Sie ihm Ihr Vertrauen und gehen Sie mit an Bord ...

♥193♥ Schon ab 20 000 US-Dollar können Sie Ihre Freundin mit einer eigenen Privatinsel in der Südsee überraschen: Der Inselmakler Vladi Private Islands (Ballindamm 7, 20095 Hamburg, Tel. 040 / 33 89 89, http://www.vladi.de) vermittelt Ihnen aber auch Inseln in Preisstufen bis zu 20 Millionen US-Dollar – garantierte Einzelstücke!

♥194♥ Wenn Sie nicht ganz so viel Geld anlegen möchten oder können: Mieten Sie doch eine Privatinsel – nur für Sie und Ihren Liebling! Vladi Private Islands vermietet das Paradies auch tage- oder wochenweise. Infos unter http://www.vladi.de.

♥195♥ Überraschen Sie Ihren Schatz zu Weihnachten mit einem eigenen Whirlpool in Ihrem (großen) Badezimmer und verbringen Sie dort quicklebendige Stunden zu zweit.

♥196♥ Ein Leben auf dem Wasser bietet Abenteuer und traute Zweisamkeit. Machen Sie es wie die Kelly-Family: Kaufen Sie sich ein Hausboot und leben Sie eine Weile auf dem Wasser. Oder wählen Sie die Luxusversion: Die US-Firma Hammacher Schlemmer (Geschäfte in New York und Chicago; Onlineshop unter www. hammacher.com) verkauft eine so genannte »Aquatic Pod Suite« für ca. 91 000 US-Dollar. Es handelt sich dabei um ein schwimmendes Zimmer für zwei Personen, voll ausgestattet mit Kingsize-Bett, Klimaanlage, Stereo- und Videosystem und vielem mehr. Damit können Sie sich auf Ihre ganz private Lieblingslagune zurückziehen – garantiert ungestört.

♥197♥ Schicken Sie Ihrer Freundin 300 Liebesbriefe auf einmal! Das ist viel Arbeit, aber die Überraschung ist gelungen, wenn der Postbote mit Säcken bei ihr klingelt.

Für alte Hasen

♥198♥ Sind Sie schon lange verheiratet? Laden Sie Ihren damaligen Standesbeamten zu sich ein. Spielen Sie die Heiratsszene nach!

♥199♥ Überlegen Sie gemeinsam, was jeder von Ihnen unter den täglichen Aufgaben am wenigsten gerne macht (einkaufen, das Bett machen usw.). Tauschen Sie diese Aufgaben für einen Tag.

♥200♥ Viele Männer »vergessen« das Tanzen, sobald sie die Hochzeitsparty hinter sich haben. Machen Sie ihm Beine! Belegen Sie einen Tanzkurs für Paare. Tanzen Sie zusammen Macarena, das lässt die Hüften so schön kreisen … Und für den Anfang: Tanzen Sie zu Hause im Schlafzimmer – nur zu zweit! Wenn Sie etwas fortgeschrittener sind, widmen Sie sich dem erotischsten Tanz der Welt, dem Tango!

♥201♥ Beschwert sich Ihre Liebste, weil Sie ihr jede kuschelige Nacht mit Ihrem Schnarchen ruinieren? Schenken Sie ihr Ohrstöpsel, sie wirken verblüffend gut!

♥202♥ Für Paare, die schon länger zusammen sind: Lassen Sie sich in die Zeit Ihres Kennenlernens entführen! Schlendern Sie über einen Flohmarkt und suchen Sie nach

Dingen aus dieser Zeit: Comics, Werbeschilder, Bücher, Zeitungen ...

♥203♥ Dieser Vorschlag mag auf den ersten Blick etwas makaber klingen; ich finde ihn aber sehr rührend: Ich kenne mehrere ältere Paare, die sich schon eine gemeinsame Grabstätte auf dem Friedhof gekauft haben. Auf dem Grabstein stehen schon ihre Namen; nur das Todesjahr fehlt noch. Man kann wohl durch kaum eine andere Handlung so deutlich machen, dass man auch über den Tod hinaus in Liebe verbunden sein möchte – egal, was auch geschieht.

♥204♥ Finden Sie Ihre Wochenendgestaltungen zu langweilig? Vereinbaren Sie Folgendes: Jeder von Ihnen übernimmt einen bestimmten Samstag als »Pate« und denkt sich etwas ganz Besonderes aus, das man machen könnte.

♥205♥ Lassen Sie sich beide einen Tag lang einmal völlig gehen – stylen Sie sich nicht, zwängen Sie sich nicht in schöne, aber unbequeme Kleidung, tragen Sie Brille statt Kontaktlinsen. Werden Sie sich wieder darüber klar, dass Sie sich so lieben, wie Sie sind.

♥206♥ Jetzt das Gegenteil: Putzen Sie sich füreinander heraus, als würden Sie zum Wiener Opernball gehen. Dabei bleiben Sie den ganzen Tag zu Hause – schön gemacht für Ihren Partner.

Die fünf besten Aphrodisiaka

Artischocke
Auster
Erdbeere
Kaviar
Zimt

♥207♥ Wenn Ihre Beziehung im Alltagstrott zu ersticken droht: Helfen Sie sich mit einem Wohnungstausch! Tauschen Sie für ein, zwei Wochen die Wohnung mit einem befreundeten Paar. Das kann am selben Ort sein oder in einer ganz anderen Stadt.

♥208♥ Besuchen Sie zusammen eine Flirtparty! Schicken Sie sich gegenseitig Botschaften, als wären Sie sich zum ersten Mal begegnet.

♥209♥ Zwölf Prozent der Frauen finden es bereits romantisch, wenn der Mann im Haushalt mithilft … Bringen Sie Ihren Mann doch mit ein wenig Einfallsreichtum Ihrerseits dazu, dass er öfter mal den Müll runterträgt: Verstecken Sie einfach eine kleine Überraschung in der Mülltonne – natürlich gut verpackt!

♥210♥ Welche Eigenschaft missfällt Ihrer Frau am meisten an Ihnen? Schenken Sie ihr einen Gutschein darüber, dass Sie sich eine Woche (oder einen Tag, je nach Eigenschaft) anders verhalten.

♥211♥ Führen Sie eigene Feiertage ein! Erklären Sie zum Beispiel den Tag, an dem Sie sich zum ersten Mal nackt gesehen haben, zu Ihrem persönlichen »FKK-Tag«. Schreiben Sie Ihren persönlichen Feiertagskalender!

♥212♥ Gehören Sie zu der Generation, die noch Schallplatten besitzt? Wahrscheinlich hat jeder von Ihnen seine alten Schätze irgendwo verstaut, während sich die meisten anderen persönlichen Dinge beim Zusammenzug »vermischt« haben. Kramen Sie die Platten hervor und spielen Sie sich gegenseitig Ihre Lieblingslieder vor!

♥213♥ Wollen Sie Ihrer Frau dafür danken, dass Sie den Haushalt so perfekt meistert? Verstecken Sie einen Blumenstrauß in der Waschmaschine!

♥214♥ Wiederholen Sie Ihre Hochzeitsreise – am selben Ort, im selben Hotel, mit demselben Kribbeln im Bauch.

♥215♥ Tragen Sie Ihre Frau mal wieder über die Türschwelle – wie am Hochzeitstag.

♥216♥ Lassen Sie sich gegenseitig in Ihren alten Tagebüchern lesen.

♥217♥ Organisieren Sie für Ihren Hochzeitstag Brautjungfern, die – wie damals – Reis über Sie werfen (etwa wenn Sie aus dem Restaurant kommen).

♥218♥ Lassen Sie sich Ihr eigenes Geschirrservice fertigen, das die Anfangsbuchstaben Ihrer beiden Namen trägt. Einen entsprechenden Service bietet die Firma B. T. Dibbern GmbH & Co. KG, Postfach 1163, 22933 Bargteheide, Tel. 0 45 32 / 2 85 10, www.dibbern.de.

♥219♥ Führen Sie für Ihren Jahrestag eine bestimmte Zeremonie ein, die Sie jedes Jahr wiederholen. Suchen Sie sich zum Beispiel ein besonders schönes Restaurant zum Feiern. In diesem Restaurant dürfen Sie das ganze Jahr über nicht essen gehen – außer an diesem einen Tag. Oder legen Sie einen romantischen Ort fest (etwa ein Seeufer, einen Aussichtsturm usw.), den Sie nur einmal im Jahr – an Ihrem Jahrestag – gemeinsam aufsuchen.

♥220♥ Sie brauchen nicht auf die Silber- oder Goldhochzeit zu warten, um einen besonderen Tag zu feiern. Lernen Sie die »Zwischenschritte« kennen:

1 Jahr: Baumwollene Hochzeit
5 Jahre: Holzhochzeit
6 Jahre: Zinnhochzeit

7 Jahre: Kupferhochzeit
8 Jahre: Blechhochzeit
10 Jahre: Rosenhochzeit
12 Jahre: Nickelhochzeit
12,5 Jahre: Petersilienhochzeit
15 Jahre: Kristallhochzeit
20 Jahre: Porzellanhochzeit
25 Jahre: Silberhochzeit
30 Jahre: Perlenhochzeit
35 Jahre: Leinenhochzeit
37,5 Jahre: Aluminiumhochzeit
40 Jahre: Rubinhochzeit
50 Jahre: Goldhochzeit
60 Jahre: Diamantene Hochzeit
65 Jahre: Eiserne Hochzeit
67 Jahre: Steinerne Hochzeit
70 Jahre: Gnadenhochzeit
75 Jahre: Kronjuwelenhochzeit

Für Skurrile

♥221♥ Fragen Sie bei Möbelhäusern in Ihrer Stadt nach, ob Sie für einen Abend ein Schaufenster mieten können, von dem aus man einen schönen Blick in die nächtlichen Straßen hat. Arrangieren Sie in diesem Schaufenster ein fürstliches Essen mit Ihrer Frau.

♥222♥ Für Paare, denen ein herkömmliches Eigenheim zu spießig ist, baut die US-Firma Max Power Aero Space Inc. (7112 Florence Road, Smyrna, Tennessee 37167, USA, Tel. 001/615/223-5600, Fax 001/615/223-5682, www.maxpoweraero.com) ausrangierte Boeings zu Wohnhäusern um!

♥223♥ Benennen Sie einen Stern nach dem Namen Ihrer Freundin! Die Firma MyStar bietet Sterntaufen an und stellt Ihnen Zertifikate über »Ihren« Stern aus. Kontakt: www.mystar.de oder Tel. 0800/0697827.

♥224♥ MyStar bietet auch eine »Doppelsterntaufe« von zwei ganz nah beieinander liegenden Sternen an – für Menschen, die zusammengehören. Jeden Tag können Sie dann weit draußen im Universum das Symbol Ihrer eigenen Partnerschaft betrachten.

♥225♥ Hängt Ihre Freundin sehr an ihrem Hund? Schenken Sie ihr das ewige Haustier! Bei www.savingsandclone.com können Sie die DNA des Vierbeiners zur späteren Reproduktion speichern lassen.

♥226♥ Bringen Sie sich tagsüber durch erotische Telegramme in Stimmung, bevor Sie sich abends begegnen …

♥227♥ Geben Sie dem Mittagessen die Lieblingsfarbe Ihres Partners: mit Lebensmittelfarbe aus der Drogerie.

♥228♥ Wenn Sie Piercings mögen: Lassen Sie sich Partner-Piercings machen – jeder an der gleichen Körperstelle!

♥229♥ Entführen Sie Ihre Freundin zum Kamelreiten – ins Allgäu! Die Kamelfarm »RENT-A-CAMEL« (Engelbolz 115a, 87637 Seeg, Tel. 08364/339, www.rent-a-camel.de) macht's möglich.

♥230♥ Das etwas andere Hotel: In Hamburg ist ein Bordell zum Hotel umgebaut worden – roter Samt und Spiegel über den Betten sind geblieben! (Hotel Village, Steindamm 4, 20099 Hamburg, Tel. 040/246137, http://hotel-village.de)

♥231♥ Diese Idee ist etwas teuer, wird ihre Wirkung aber nicht verfehlen: Leihen Sie sich heimlich das Auto Ihrer Frau aus und stellen Sie ein großes Pappschild mit der Aufschrift »Ich liebe dich« hinter die Windschutzscheibe. Platzieren Sie das Schild so, dass Sie noch etwas sehen können, vielleicht an der Beifahrerseite. Suchen Sie nun eine Stelle in der Stadt auf, an der eine Radarfalle steht, und fahren Sie gerade so schnell, dass Sie geblitzt werden. Wenn der Bußgeldbescheid ins Haus flattert, müssen Sie Ihre Frau natürlich dazu bringen, den Vorwurf auf jeden Fall nachzuprüfen – indem sie sich von der Behörde das Originalfoto zeigen lässt.

♥232♥ Buchen Sie eine gemeinsame Hundeschlittenfahrt in Alaska! Möglich macht dies Alaska & AdventureTours, Dieter Burghardt & Partner, C.-M.-v.-Weber-Str. 43, 63069 Offenbach, Tel. 069 / 98 34 00 69, www.adventure.travelshop.de.

♥233♥ Alaska & AdventureTours bietet auch einmalige Fahrten mit dem »Rollenden Hotel« durch Afrika an. Sie reisen dabei mit einem Hotel, das eine Art riesiger Wohnwagen ist.

♥234♥ Wollen Sie einen Cowboy als Mann? Dann schicken Sie ihn auf einen dreitägigen Cowboy-Crash-Kurs nach Texas. Weitere Infos erhalten Sie auf der Ranch selbst unter http:/www.traveltex.com.

♥235♥ Schenken Sie Ihrem Freund eine lustige Versicherung – dagegen, dass seine Lieblingsband sich auflöst. Angeboten wird eine entsprechende Police von SIR HUCKLEBERRY INSURANCE COMPANY owm.U.A., Keizersgracht 62, NL-1015 CS Amsterdam, Tel. 0031/20/5207587, www.sir-huckleberry-ins.com.

♥236♥ Bauen Sie ein Zimmer Ihres Hauses in einen Traumstrand um: Tapezieren Sie die Wände mit einer Meerblick-Panoramatapete, stellen Sie einen Strandkorb auf und bedecken Sie den Boden mit feinem Sand (gibt's beim Baustoffhändler). Entfliehen Sie hin und wieder gemeinsam in Ihr selbst gebautes Paradies.

♥237♥ Lassen Sie beide Ihren Kosenamen als Künstlernamen in Ihren Personalausweis eintragen! Suchen Sie dazu die örtliche Personalausweisbehörde auf.

♥238♥ Schenken Sie Ihrem Freund ein Grundstück auf dem Mond! Infos zu Grundstücken »garantiert mit Erdblick« gibt's unter www.mondmakler.de.

♥239♥ Wenn Sie nicht gerade an Klaustrophobie leiden, dann schicken Sie sich Ihrem Partner doch einmal selbst im Paket! Kaufen Sie eine Pappbox, die groß genug für Sie ist, und beschriften Sie sie mit der richtigen Adresse. Sie können nun einen örtlichen Kurier einweihen und ihn bitten, Sie kurz vor der Auslieferung in die Box schlüpfen zu lassen (vorzugsweise in sexy Kleidung oder gar im Adams- oder Evaskostüm ...). Stellen Sie aber sicher, dass Ihr Partner auch zu Hause ist!

♥240♥ Verwandeln Sie Ihr Schlafzimmer in eine aufregende Nebellandschaft, indem Sie eine Nebelmaschine ausleihen. Suchen Sie sich im Nebel, betasten Sie sich, küssen Sie sich ...

Für Fußballfanatiker und Sportfreaks

♥241♥ Ist ER ein Fan des Fußballclubs Hertha BSC? Überraschen Sie ihn mit einer Anmeldung im Fanclub: Hertha BSC Fanclub, Grunewaldstraße 44 E, 12165 Berlin, http://www.hfc-ev-72.de. Der Club bietet auch Kontakt mit den Spielern! Auch jeder andere Fußballverein hat seinen Fanclub. Erkundigen Sie sich beim Club selbst oder bei Freunden Ihres Mannes. Eine solche Anteilnahme an den Interessen Ihres Partners wird Ihre Beziehung in ungeahnter Weise intensivieren, glauben Sie mir!

♥242♥ Heben Sie Ihrem Mann den Sportteil der Zeitung auf.

♥243♥ Schalten Sie die Bundesliga einmal ab und überraschen Sie Ihre Frau: »Du bist viel spannender als Fußball.«

♥244♥ Spielt Ihr Freund Fußball oder betreibt er einen anderen Mannschaftssport? Tauchen Sie überraschend beim Trainigsspiel auf und schauen Sie zu! Malen Sie sich vorher mit Textilfarbe ein Fan-T-Shirt, etwa mit der Aufschrift »Michi, ich bin dein größter Fan«.

♥245♥ »Muss« Ihre Frau sie ständig zu Fußballspielen begleiten? Wollen Sie ihr trotzdem eine Freude machen?

Nehmen Sie ein riesiges Banner mit! Schreiben Sie nicht den Namen Ihres Vereins darauf, sondern »Ich liebe meine Frau«. Halten Sie das Banner hoch …

♥246♥ Schenken Sie Ihrem Freund eine lustige Versicherung dagegen, dass sein Lieblingsfußballclub in die 2. Bundesliga absteigt! Angeboten wird eine entsprechende Police von SIR HUCKLEBERRY INSURANCE COMPANY owm.U.A., Keizersgracht 62, NL-1015 CS Amsterdam, Tel. 0031/20/5207587, www.sir-huckleberry-ins.com.

♥247♥ Machen Sie einen Kopfstand und betrachten Sie sich gegenseitig von unten! Sie werden im wahrsten Sinne des Wortes ganz neue Seiten an Ihrem Liebsten entdecken. Sich mit anderen Augen zu sehen hilft manchmal gegen die Macht der Gewohnheit.

♥248♥ Mieten Sie IHM für einen Tag sein Traumauto und gehen Sie mit ihm auf Fahrt!

♥249♥ Suchen Sie ein Geschäft in Ihrer Umgebung, in dem es Pokale und Sportauszeichnungen gibt. Kaufen Sie einen goldenen Pokal und lassen Sie einen Text wie »Für den besten Freund der Welt« eingravieren. Dann können Sie eine Siegerehrung vornehmen …

♥250♥ Der Rekord im Unterwasserküssen liegt bei zwei Minuten und 18 Sekunden. Versuchen Sie ihn zu brechen! Üben Sie in der Badewanne oder im türkisblauen Meerwasser Ihres Lieblingsurlaubsortes.

♥251♥ Wenn es Ihnen unter Wasser zu nass ist, versuchen Sie sich doch im Rekordaufstellen an Land: Die meisten Küsse innerhalb von acht Stunden verteilte 1980 ein Mann aus Minnesota (USA) – er küsste in dieser Zeit 8001 Frauen! Natürlich wollen Sie nur Ihren Liebling küssen, aber warum nicht auch 8001-mal in acht Stunden – oder sogar mehr? Übung macht den Meister, also legen Sie los!

Gott und die Welt

♥252♥ Haben Sie kirchlich geheiratet, und das schon vor Jahren? Suchen Sie den Priester wieder auf, mit dem Sie damals das Traugespräch geführt haben. Sprechen Sie zu dritt über Ihre Erlebnisse seit der Trauung.

♥253♥ Besuchen Sie zusammen einen Bibelkreis in Ihrer Gemeinde. Sie finden dort Ruhe und lernen, Ihre Beziehung gemeinsam zu reflektieren.

♥254♥ Wenn Sie an einer Kirche vorbeikommen, gehen Sie hinein und zünden Sie gemeinsam eine Kerze an.

♥255♥ Beten Sie täglich zusammen dafür, dass Gott Ihnen noch viele gemeinsame glückliche Jahre schenkt.

♥256♥ Besuchen Sie regelmäßig den Sonntagsgottesdienst. Ein solcher Brauch hat schon vielen Beziehungen verblüffend viel Halt gegeben.

♥257♥ Beten Sie vor dem Essen gemeinsam und halten Sie sich dabei an den Händen. Sprechen Sie etwa: »Wir danken dir für das Essen und dafür, dass wir zusammengefunden haben.«

♥258♥ Lesen Sie sich an Heiligabend vor dem Weihnachtsbaum gegenseitig das Weihnachtsevangelium vor.

♥259♥ Fast alle Kirchen haben ein Fürbittenbuch ausliegen. Tragen Sie zusammen eine Bitte ein – für eine lange und glückliche gemeinsame Zukunft.

♥260♥ Möchten Sie gern kirchlich heiraten, sind aber aus der Kirche ausgetreten? Treten Sie wieder ein, für Ihre Hochzeit, für Ihre Ehe, für einen neuen gemeinsamen Weg! Infos zum Wiedereintritt etwa in die katholische Kirche unter www.kath.de/bistum/info/backto.

♥261♥ Gehören Sie keiner Kirche an, möchten aber trotzdem nicht auf die Trauungszeremonie verzichten? Dann lassen Sie Ihre Trauung von einem freien Theologen durchführen! Eine Liste gibt es unter www.perfectday.de/Info/Kirche/Theologen.htm.

♥262♥ Fahren Sie zu einem Papstbesuch nach Rom und holen Sie sich gemeinsam den Segen für eine lange, glückliche Zukunft zu zweit.

♥263♥ Schenken Sie Ihrem Partner einen eigenen Schutzengel, der auf ihn aufpasst, wenn Sie nicht bei ihm sind. Sie bekommen Schutzengelmedaillen in Geschäften für Messbedarf und an Wallfahrtsorten. Fragen Sie zur Not bei Ihrem örtlichen Pfarramt nach, wo sich der nächste Laden befindet. Lassen Sie den Schutzengel gemeinsam von einem Priester segnen. Ein spezieller Schutzengel fürs Auto ist die Christophorusplakette.

Für Workaholics

♥264♥ Fährt Ihr Mann mit der Straßenbahn zur Arbeit? In den meisten Städten bietet der öffentliche Nahverkehrsbetrieb Sonderwagen, so genannte Partywagen, zur Miete an. Mieten Sie einen solchen Wagen und laden Sie Gäste ein. Wenn er nach Dienstschluss nichts ahnend an der Haltestelle steht, fahren Sie mit Ihrem Sonderwagen vorbei und bitten ihn, zuzusteigen …

♥265♥ Vereinbaren Sie eine geheime Liebeserklärung, die zu jeder Zeit zum Einsatz kommen kann: Lassen Sie am Arbeitsplatz oder zu Hause das Telefon genau einmal klingeln. Dann weiß der andere Bescheid und antwortet vielleicht sofort …

♥266♥ Nehmen Sie einen Block roter Klebezettel und schreiben Sie auf jeden davon ein paar nette Worte für Ihren Partner. Suchen Sie sein Auto auf, kurz bevor er aus dem Büro kommt, und bekleben Sie es von außen mit den Zetteln. Diese Idee hat natürlich nur eine gute Wirkung, wenn Sie viele, viele Notizen geschrieben haben …

♥267♥ Schmuggeln Sie Liebesbotschaften an den Arbeitsplatz Ihres Mannes! Bitten Sie etwa einen Kollegen (den Sie natürlich gut kennen sollten), kleine Zettel in seine Schreibtischschublade zu legen oder an seinen Computerbildschirm zu kleben.

♥268♥ Wenn Sie im selben Unternehmen arbeiten, können Sie auch Liebesbriefe per Hauspost schicken. Oder faxen Sie!

♥269♥ Schenken Sie Ihrer Frau ein Mousepad mit Ihrem Foto für den Arbeitsplatz. Viele Fotogeschäfte bieten einen solchen Druckservice.

♥270♥ Rufen Sie an einem heißen Tag den Chef Ihres Mannes an und überreden Sie ihn, Ihrem Mann »hitzefrei« zu geben, damit er mit Ihnen einen Nachmittag im Freibad verbringen kann. Das geht natürlich nur, wenn Sie wenigstens ein bekanntschaftliches Verhältnis zum Vorgesetzten Ihres Mannes haben.

♥271♥ Wenn Sie früh aus dem Haus müssen, hinterlassen Sie Ihrer Freundin eine kleine Morgenbotschaft auf einem Zettel vor dem Bett.

♥272♥ Sie können Ihre Liebste natürlich auch auf die ganz besondere Art wecken lassen: mit einem Blumenkurier.

♥273♥ Wenn Ihr Mann verreist ist, faxen Sie ihm einen Gutenachtkuss: Tragen Sie einen kräftigen Lippenstift auf und machen Sie einen Abdruck Ihres Kussmundes auf ein Stück Papier. Bevor Sie es losfaxen, sollten Sie noch einen lieben Gutenachtwunsch darunter schreiben …

♥274♥ Haben Sie beide einen Computer am Arbeitsplatz? Installieren Sie sich beide ein Chat-Programm! Damit stehen Sie den ganzen Tag lang virtuell miteinander in Verbindung.

♥275♥ Schenken Sie Ihrem Schatz seine persönliche Kaffeetasse für den Arbeitsplatz: Kaufen Sie sich Porzellanfarbe und eine weiße Tasse und schreiben oder malen Sie, was immer Sie möchten.

♥276♥ Gehen Sie heimlich in die Kantine am Arbeitsplatz Ihres Mannes und überreden Sie den Koch, ein spezielles Überraschungsgericht für Ihren Schatz auf die Tafel zu schreiben (etwa das »Monika-liebt-Ralf-Menü« o. Ä.).

♥277♥ Machen Sie sich einen »Zeit für Zweisamkeit«-Kalender: Kaufen Sie einen Terminkalender mit Stundenraster für jeden Tag. Ziehen Sie auf jedem Blatt einen senkrechten Strich durch die Mitte. Auf der einen Seite tragen Sie nun die Termine Ihres Partners ein, auf der anderen Ihre eigenen. Der Clou: An jedem Tag malen Sie an einer Stunde einen roten Balken über die Seite, und zwar über beide Hälften. Dies ist die Stunde, die nur Ihnen beiden gehört – Ihre ganz persönliche »Happy Hour«.

♥278♥ Stellen Sie ein Foto Ihres Partners an Ihrem Arbeitsplatz auf – und schenken Sie ihm eines von Ihnen für denselben Zweck.

♥279♥ Zelebrieren Sie den gemeinsamen Start in den Tag genauso wie den Gutenachtkuss am Abend: Zünden Sie beim Frühstück immer eine Kerze an – das vertreibt die Hektik am Morgen.

♥280♥ Schicken Sie Ihrer Frau eine Postkarte vom Arbeitsplatz. Bitten Sie zum Beispiel einen Kollegen, mit einer Polaroidkamera einen Schnappschuss von Ihnen an Ihrem Arbeitsplatz zu machen, und benutzen Sie das Foto als Ansichtskarte.

♥281♥ Hört Ihre Freundin gern Radio am Arbeitsplatz? Schenken Sie ihr eine lustige Versicherung dagegen, dass sie aus diesem Grund eine Kündigung bekommt! Angeboten wird eine entsprechende Police von SIR HUCKLEBERRY INSURANCE COMPANY owm.U.A., Keizersgracht 62, NL-1015 CS Amsterdam, Tel. 00 31 / 20 / 5 20 75 87, www.sirhuckleberry-ins.com.

♥282♥ Legen Sie eine Spur aus roten Rosen vom Arbeitsplatz Ihres Mannes zu einem schönen Restaurant in der Nähe. Geben Sie ihm Anweisung, nach Feierabend der Spur zu folgen, und erwarten Sie ihn am Ziel.

♥283♥ Besorgen Sie sich die Zweitschlüssel zum Wagen Ihres Freundes. Finden Sie heraus, wo er seinen Wagen am Arbeitsplatz parkt. Ziehen Sie Ihr schönstes Abendkleid an und packen Sie auch für ihn eine Abendgarderobe ein. Setzen Sie sich kurz vor Feierabend auf den Beifahrersitz des Wagens. Wenn er kommt, lassen Sie ihn sich umziehen und geben Sie ihm dann Fahranweisungen. Das Ziel wird ein nettes Restaurant sein, in dem Sie vorher natürlich einen Tisch für zwei reserviert haben.

♥284♥ Hat Ihr Mann eine private E-Mail-Adresse, auf die im Büro nur er zugreifen kann? Machen Sie mit einer Polaroidkamera ein erotisches Foto von sich, scannen Sie es ein und schicken Sie es ihm – als Einstimmung, kurz vor Feierabend …

♥285♥ Wenn Ihr Mann zu beschäftigt für die Liebe ist, suchen Sie seinen Terminkalender, während er unter der Dusche steht, und tragen Sie sich einfach selbst ein! Schreiben Sie eine liebevolle oder eine erotische Botschaft dazu. Oder machen Sie es geheimnisvoll: Schreiben Sie einfach »20.30 h Restaurant Roma«, ohne einen Namen. Warten Sie dort um 20.30 Uhr auf ihn …

♥286♥ Schicken Sie Ihrem Schatz eine Portion Austern ins Büro. Schreiben Sie auf die Verpackung: »Vorsicht, Aphrodisiakum! Nachtisch zu Hause.«

♥287♥ Treffen Sie sich in der Mittagspause an einem versteckten Ort zu einem geheimen, aber aufregenden Schäferstündchen. Wählen Sie nicht Ihre Wohnung, das wäre etwas langweilig …

Für Kuschelsüchtige

♥288♥ Die Haut ist unser größtes Organ. Hautkontakt ist eine unerlässliche Voraussetzung für unser Wohlbefinden. Berühren Sie sich jeden Tag ganz bewusst. Machen Sie Kuscheln zu Ihrem täglichen Ritual.

♥289♥ Eine gute Massage schenkt auch der Haut große Aufmerksamkeit. Probieren Sie es – mit einem duftenden Babyöl.

♥290♥ Für Anfänger: Das Buch »Fit & Entspannt mit Massage« von Magda Weinandy. Es enthält drei Fläschchen Massageöl! Noch anregender: das Massagevideo »Playboy – Erotische Massage«.

♥291♥ Hängen Sie sich eine Kuscheluhr an die Wand: Malen Sie auf dem Zifferblatt den Bereich für eine Stunde (etwa zwischen der 8 und der 9) mit einem roten Dreieck aus. Das ist nun ihre tägliche Kuschelstunde. Sie haben jeden Tag zwei Möglichkeiten, die Kuschelstunde wahrzunehmen – morgens oder abends. Lassen Sie aber keinen Tag mehr ohne Ihre Kuschelstunde vergehen!

♥292♥ Schlafen Sie nackt, am besten in Satinbettwäsche!

♥293♥ Legen Sie einen aufgeblasenen Luftballon zwischen Ihre beiden Körper und drücken Sie sich so fest, bis er platzt!

♥294♥ Streichen Sie mit sanftem Druck über die Unterarme Ihres Partners! Es gibt niemanden, der dabei nicht vor Wohlgefühl dahin schmilzt …

♥295♥ Malen Sie mit dem Finger ein Herz auf den Rücken Ihrer Freundin, wenn Sie gerade einschläft.

♥296♥ Das Geheimnis samtweicher Kuschelhaut: Reiben Sie sich in der Sauna mit Flüssighonig ein. In der Hitze wird das »flüssige Gold« von der Haut schnell aufgenommen. Wundern Sie sich nicht, wenn Ihr Freund danach kuschelsüchtig wird …

♥297♥ Auch die »zweite Haut« soll anschmiegsam sein: Benutzen Sie extra viel duftenden Weichspüler für Ihre Kuschelkleidung zu Hause!

♥298♥ Finden Sie es toll, beim Frisör eine Haarwäsche mit kräftiger Kopfhautmassage zu bekommen? Waschen Sie sich gegenseitig die Haare – wie beim Frisör.

♥299♥ Kaufen Sie sich ein Bett-Tablett, mit dem Sie ausgedehnte Kuschelfrühstücke veranstalten können. Das Tablett können Sie auch prima in der Badewanne benutzen!

♥300♥ Und warum denken alle immer nur an Frühstück? Dinieren Sie zusammen in der Badewanne – mit vielen Kerzen rund um das prickelnde Schaumbad.

♥301♥ Gehen Sie zusammen in einen schaurigen Horrorfilm und schmiegen Sie sich an den schrecklichsten Stellen am festesten aneinander.

♥302♥ Wussten Sie, dass die Fingerkuppen zu den sensibelsten Körperstellen gehören? Testen Sie es! Berühren Sie sich nur über die Fingerspitzen!

♥303♥ Geben Sie Ihrem Schatz 1001 Küsse, verteilt auf den ganzen Körper. Genau mitzählen! (Für den Anfang können Sie es natürlich auch mit 101 Küssen versuchen …)

♥304♥ Führen Sie die eben genannte Idee aus, während Ihr Partner schläft.

♥305♥ Verleihen Sie Ihrem Partner einen »Kuschelorden« für den eifrigsten Kuschler.

♥306♥ Bauen Sie mit alten Matratzen vom Speicher eine riiiesige Kuschelwiese im Wohnzimmer und verbringen Sie die ganze Nacht darauf.

♥307♥ Stellen Sie den Wecker ein paar Minuten früher und kuscheln Sie gemeinsam in den neuen Tag.

♥308♥ Streicheleinheiten werden noch aufregender, wenn Sie mit einem Eiswürfel auf der Haut Ihres Partners entlangfahren.

Für Verspielte

♥309♥ Spielen Sie »Topfschlagen für Erwachsene«: Verbinden Sie sich die Augen, während sich Ihr Partner in der Wohnung versteckt. Nutzen Sie Ihr »emotionales Navigationssystem«, um Ihren Partner aufzuspüren.

♥310♥ Basteln Sie sich aus einem »Trivial Pursuit«-Spiel Ihre eigene Liebesversion: Fertigen Sie Fragekärtchen, die Ihre Beziehung betreffen. Es kann sich um Eigenheiten der Partner handeln, um Ereignisse in der Partnerschaft, um Menschen, die für Sie beide eine wichtige Rolle gespielt haben, und und und …

♥311♥ Natürlich können Sie auch ein »Monopoly«-Spiel etwas persönlicher gestalten: Überkleben Sie die Straßennamen mit Orten, die in Ihrer Partnerschaft eine besondere Bedeutung haben. So wird aus der »Schlossallee« der Urlaubsort, an dem Sie sich kennen gelernt haben, aus der »Parkstraße« der Ort Ihres ersten Kusses …

♥312♥ Basteln Sie sich Ihr eigenes »Memory«-Spiel – mit jeweils zwei Abzügen der schönsten Fotos von Ihnen beiden! Vielleicht wählen Sie ja erotische Motive …

♥313♥ Wenn Sie sich keine Arbeit machen wollen: Bei der »Herzgalerie« (DiehlDesign GmbH, Burgstraße 39,

60316 Frankfurt/Main, Tel. 069/24241751, www.herzgalerie.de) gibt es ein Memory-Spiel mit Herzmotiven – auch ausgefallenen …

♥314♥ Spielen Sie Liebes-Scrabble! Erlaubt sind nur Begriffe, die etwas mit Ihrer Partnerschaft zu tun haben.

♥315♥ In Berlin gibt es ein »Bowlingcenter der Lust«: Wer nicht trifft, muss sich von einem Kleidungsstück trennen. Viele Paare bringen sich hier in Stimmung, bevor es sie dann zielstrebig nach Hause zieht … Die Adresse: »Squash-House« Berlin-Lichtenberg, Josef-Ortlopp-Straße 31–35, 10365 Berlin, http://www.squash-house.de.

♥316♥ Entdecken Sie kindliche Freude wieder und finden Sie zum Brauch des Aprilscherzes am 1. April zurück.

♥317♥ Spielen Sie zusammen Verstecken im Wald! Und nicht schummeln, wenn Sie mit Zählen und Suchen dran sind!

♥318♥ Spielen Sie ein Ausdauerspiel: Schauen Sie sich direkt in die Augen. Wer zuerst wegschaut, hat verloren. Wie lange schaffen Sie es?

♥319♥ Spielen Sie gerne Karten? Viele Paare sind der Meinung, dass Strippoker zu zweit am spannendsten ist ...

♥320♥ Kaufen Sie sich ein Minitrampolin für den Garten (gibt es im Sportgeschäft). Es ist ein wunderbarer Platz zum gemeinsamen Herumalbern. Geben Sie sich zusammen der federnden Schwerelosigkeit hin!

♥321♥ Lassen Sie im Fotogeschäft aus einem Filmnegativ eines schönen Bildes von sich beiden ein Puzzle machen. Jubeln Sie Ihrem Freund regelmäßig irgendwo ein Puzzleteil unter, bis das Bild komplett ist.

♥322♥ Auf der Rückseite eines solchen Puzzles lässt sich auch prima ein schöner Liebesbrief unterbringen ...

♥323♥ Spielen Sie ein Kuschelspiel: Schreiben Sie Ihrem Freund mit dem Finger sanft ein Wort auf den Rücken. Er muss die Buchstaben erraten! (Wenn er sich dumm stellt, müssen Sie noch einmal schreiben ...)

♥324♥ Verschenken Sie Ihr ganz persönliches Überraschungsei: Mit etwas Geschick können Sie die beiden Hälften des Schokoeis voneinander lösen, Ihre eigene Überraschung (zum Beispiel einen Gutschein oder ein kleines Foto von sich) hineinlegen und das Ei mit ein wenig Flüssigschokolade wieder »zukleben«.

♥325♥ Für Geduldige: Pflanzen Sie mit Ihrer Gartenhecke ein Labyrinth. Warten Sie, bis die Hecke so hoch ist, dass Sie nicht mehr darüber sehen können, und suchen Sie sich dann gegenseitig darin.

♥326♥ Spielen Sie einen Tag lang »Stille Post«: Flüstern Sie alles, was Sie sich sagen möchten, gegenseitig ins Ohr. Berühren Sie dabei sanft die empfindlichen Ohrmuscheln mit Ihren Lippen …

♥327♥ Unternehmen Sie eine außergewöhnliche Erlebnisreise durch das Abenteuer der Liebe mit dem Band »Alle Wege führen zu dir. Landschaften der Liebe« (Eichborn Verlag). Die Expedition startet beim »Kribbeln im Bauch«, führt durch den Zauberwald der »Ersten Liebe« zu »Wolke sieben« oder vielleicht sogar ins »Paradies« …

♥328♥ Basteln Sie eine Dartscheibe und schreiben Sie in die Ringe verschiedene Körperteile. Lassen Sie Ihren Partner werfen – er verdient sich damit jeweils einen Kuss auf den Körperteil, den er gerade getroffen hat. Natürlich schreiben Sie die interessantesten Körperteile am nächsten an das »Schwarze« …

♥329♥ Hängen Sie eine Tafel der Lieblingsschokolade Ihrer Freundin an einen Gasluftballon. Stellen Sie sich vor ihr Fenster und rufen Sie sie. Wenn ihr Kopf erscheint, lassen Sie den Luftballon aufsteigen. Ihre Freundin muss versuchen, die Schokolade zu fangen, ohne dabei aus dem Fenster zu fallen …

♥330♥ Kaufen Sie zu Ostern mehrere Plastikeier, die man öffnen kann. Überlegen Sie sich verschiedene Orte, an denen Sie die Eier verstecken können. Schreiben Sie jeweils den Weg zum nächsten Versteck auf verschiedene Zettel und legen Sie diese in die Eier. Verstecken Sie dann die Eier der Reihe nach und lassen Sie Ihren Partner suchen. Ganz am Ende verstecken Sie entweder ein schönes Geschenk – oder sich selbst.

Für Dichter, Bastler und Tüftler

♥331♥ Kaufen Sie sich das Set »Kühlschrankpoesie« (im Buchhandel). Es enthält magnetische Worttafeln, mit denen Sie jeden Tag ein neues Liebesgedicht an die Kühlschranktür bringen können.

♥332♥ Kaufen Sie einen Kalender zum Selbermachen. Bekleben Sie jeden Monat mit Fotos, Zeichnungen oder Geschichten aus Ihrer Beziehung.

♥333♥ Kreieren Sie einen persönlichen Burger für Ihre Freundin! Belegen Sie ihn mit allem, was sie gern isst, und nennen Sie ihn zum Beispiel »Sonja-Burger«. Oder erfinden Sie einen Liebescocktail, den nur Sie beide kennen.

♥334♥ Ein Ausflug in die Kindheitstage bringt Sie Ihrem Freund näher: Betrachten Sie zusammen Bilder, die Sie als kleine Kinder gemalt haben. Deuten Sie Ihre Kunstwerke aus heutiger Sicht!

♥335♥ Kramen Sie in alten Fotoalben von sich beiden. Erzählen Sie eine Bildergeschichte mit alten Fotos – von zwei Menschen, die sich kennen und lieben gelernt haben.

♥336♥ Kaufen Sie im Bastelgeschäft Gipsgewebe und machen Sie jeweils gegenseitig eine Gipsmaske vom Gesicht Ihres Partners. Das bringt nicht nur Spaß, sondern auch zwei schöne Gesichter, die Sie hinterher nebeneinander an die Wand hängen können.

♥337♥ Treten Sie einer Laientheatergruppe in Ihrer Umgebung bei, überzeugen Sie sie, ein Liebesstück aufzuführen (etwa Romeo und Julia), und spielen Sie beide das Liebespaar. Oder gründen Sie Ihre eigene Gruppe und führen Sie ein Liebesstück vor Ihren Freunden auf.

♥338♥ Mit Verzierwachs aus dem Bastelgeschäft können Sie eine besonders originelle Geburtstagskerze gestalten. Oder Sie schaffen sich Ihre ganz persönliche Hochzeits- oder Verlobungskerze.

♥339♥ Singen Sie für Ihre Frau eine Liebeslied – live und vor Publikum. Möglichkeiten dazu bieten sich in jeder Karaoke-Bar!

♥340♥ Dichten Sie einen Liebesbrief! Anregungen gibt's in »Die schönsten Liebesgedichte« (Diogenes Verlag).

♥341♥ Entwerfen Sie Ihre eigenen Liebespostkarten! Sie könnten zum Beispiel ein Foto von sich nehmen und auf der Rückseite ein Adressfeld aufzeichnen. Sie können aber auch etwas zeichnen. Schicken Sie Ihrem Freund einen Liebesgruß mit der selbst gemachten »Ansichts«-karte!

♥342♥ Kennen Sie die »von Zahl zu Zahl«-Aufgaben aus Malbüchern? Sie haben verschiedene Punkte, die alle nummeriert sind. Verbindet man sie in der Reihenfolge ihrer Zahlen, erscheint eine Figur. Entwerfen Sie selbst eine solche Aufgabe. Als Motiv könnten Sie ein Herz oder eine Rose wählen.

♥343♥ Genauso können Sie auch »Malen nach Zahlen« spielen: Hier gibt es verschiedene Felder, die je nach Nummer mit einer bestimmten Farbe ausgefüllt werden müssen. Am Ende erscheint wiederum ein Bild …

♥344♥ Machen Sie aus Ihrem Partner ein persönliches Kunstwerk – mit Bodypaintfarbe. Es gibt sie in Bastelgeschäften. Essbare Bodypaintfarbe in verschiedenen Geschmacksrichtungen bekommen Sie beim Hoge Online Shop, Tel. 0 29 21 / 1 39 92, www.hoge.de.

♥345♥ Am 21. März ist UNESCO-Welttag der Poesie. Wie wäre es mit einem Liebesgedicht für Ihren Mann? Für Faule: Professionelle Dichthilfe bietet das BÜRO CYRANO, Klarastr. 78, 79106 Freiburg, www.buero-cyrano.de.

♥346♥ Schreiben Sie eine ausführliche Biographie Ihrer Beziehung – auch wenn sie niemals veröffentlicht wird.

♥347♥ Wollen Sie einen Gutschein verschenken? Nehmen Sie eine Zeitung und überkleben Sie einen Artikel mit einem eigenen Text, etwa mit einem Bericht mit der Überschrift: »Stefan und Sabine fahren nach Venedig.«

♥348♥ Suchen Sie Attribute, die Ihre Freundin beschreiben – eines für jeden Buchstaben ihres Namens, zum Beispiel für »Tina«:

T – treu
I – intelligent
N – nimmerkuschelsatt
A – allerliebst

Oder: Suchen Sie einen passenden Begriff für jeden Buchstaben des Alphabets!

♥349♥ Kleben Sie für Ihren Schatz ein Mosaikbild aus bunten Liebesperlen.

♥350♥ Basteln Sie ein Mobile mit Fotos von Ihnen beiden! Alles, was Sie dazu brauchen, sind ein paar Schaschlikhölzer und ein bisschen Bindfaden – und die Fotos. Hängen Sie das gute Stück über Ihren Esstisch!

♥351♥ Bären stehen seit jeher für Liebe und Zuneigung. Nehmen Sie Nadel, Faden und eine Packung Gummibärchen und machen Sie Ihrem Schatz eine bunte Bärchenkette daraus.

♥352♥ Basteln Sie zusammen Karnevalskostüme und schminken Sie sich gegenseitig im Gesicht, bevor Sie auf eine Karnevalsparty gehen.

♥353♥ Schreiben Sie eine Fabel über Ihre Beziehung! In Fabeln werden Menschen durch Tiere symbolisiert. Überlegen Sie, welches Tier Sie und Ihr Partner jeweils sein könnten. Entwickeln Sie eine schöne Geschichte zwischen diesen beiden Tieren. Schreiben Sie sie auf – und schon haben Sie ein schönes persönliches Geschenk für Ihren Schatz.

♥354♥ Höhlen Sie an Halloween (31. Oktober) gemeinsam einen Kürbis aus. Schneiden Sie ein Gesicht in die Schale und stellen Sie den Kürbis mit einer Kerze ausgeleuchtet ins Fenster.

Für Musikfreunde

♥355♥ Hat Ihr Partner eine Lieblingsmelodie? Zeichnen Sie fünf Notenlinien auf ein Stück Fotokarton und legen Sie die Melodie mit Schokoladenherzen!

♥356♥ Komponieren Sie ein Lied für Ihren Partner. Geben Sie Ihrem Werk einen Titel, der sich nur auf Ihren Partner bezieht.

♥357♥ Noch rührender ist es sogar, wenn Sie gar kein Instrument spielen können. Suchen Sie trotzdem ein Klavier auf und »experimentieren« Sie etwas auf den Tasten, bis Sie eine schöne Melodie gefunden haben. Wenn Ihnen das zu aufwändig ist, dann blasen Sie doch ein Liedchen auf dem Kamm oder singen Sie Ihrem Partner leise etwas ins Ohr.

♥358♥ Wenn Sie nicht komponieren wollen, »schenken« Sie Ihrem Liebling einfach ein Lied, das es schon gibt. Machen Sie es durch Widmung zu »ihrem« Lied!

♥359♥ Widmen Sie sich verschiedene Lieder für verschiedene Situationen: Kuscheln, Sex, Essen, Baden …

♥360♥ Überraschen Sie Ihre Freundin mit einer Karte für ein Konzert Ihrer Lieblingsband – egal, wo sie als Nächstes auftritt.

♥361♥ Ist Ihr Partner verrückt nach Michael Jackson? Melden Sie ihn an bei ANGEL – International Michael Jackson Fan Club, Postfach 1103, 58257 Gevelsberg, Tel. und Fax 01 71 / 1 55 64 59. Auch die meisten anderen Künstler haben Fanclubs ...

♥362♥ Schreiben Sie den Text »Ihres« Liedes in schöner Schrift auf ein Blatt Papier und rahmen Sie ihn ein. Komplette Liedtexte finden Sie bei www.letssingit.com.

♥363♥ Stellen Sie all »Ihre« Lieder auf einer Kassette zusammen und legen Sie sie zu gemeinsamen Kuschelabenden ein.

♥364♥ Kaufen Sie sich Ihre eigene Karaoke-Anlage im Fachhandel und bezaubern Sie Ihren Freund mit Privatkonzerten zu Hause. Oder nehmen Sie das Lied auf und legen Sie die Kassette heimlich bei Ihrer Freundin ins Autoradio ein.

♥365♥ Singen Sie Ihren Freund leise in den Schlaf.

♥366♥ Musizieren Sie zusammen! Spielen Sie vierhändig Klavier, singen Sie zur Geigenbegleitung Ihres Freundes …

♥367♥ Wenn Sie kein Instrument spielen können, nehmen Sie Unterricht – zusammen! Der Paarunterricht spart Ihnen nicht nur Geld, er macht auch doppelt so viel Spaß!

♥368♥ Kaufen Sie sich eine Spieluhr, die Sie beide in den Schlaf spielt.

Die beliebtesten romantischen Songs aus Liebesfilmen sind

I Will Always Love You (Bodyguard)
When I Fall In Love (Schlaflos in Seattle)
Tears In Heaven (Rush)
It Must Have Been Love (Pretty Woman)
Unchained Melody (Ghost)

♥369♥ Überraschen Sie Ihre Freundin zum Geburtstag mit einer Liveband, die ihr Lieblingslied in ihrem Wohnzimmer spielt. Schauen Sie dazu die örtlichen Kleinanzeigen durch oder geben Sie selbst eine Suchanzeige für Musiker auf. Eine sehr brauchbare Datenbank findet sich auch unter www.musicforyou.com.

♥370♥ Viele Paare haben sich schon zum Rhythmus Ihres Lieblingssongs geliebt. Küssen Sie sich doch einmal zu diesem Rhythmus – jeder Beat ein Kuss. Verteilen Sie die Küsse auf dem ganzen Körper Ihres Partners.

♥371♥ Wenn Sie etwas musikalisch sind, können Sie aus Ihren beiden Namen eine ganz persönliche »Erkennungsmelodie« machen: Weisen Sie jedem Buchstaben des Alphabets einen Ton zu. Beginnen Sie für »A« mit dem eingestrichenen C und gehen Sie mit jedem folgenden Buchstaben einen Halbton nach oben. Das gesamte Alphabet erstreckt sich dann etwa über zwei Oktaven. Setzen Sie nun Ihre Namen zusammen (zum Beispiel FrankTanja) und schauen Sie, welche Notenfolge sich daraus ergibt. Jetzt haben Sie eine Melodie, die Sie vor sich hinsummen können und die für Ihre ganz persönliche Zweisamkeit steht.

♥372♥ Spielen und besitzen Sie ein tragbares Instrument, etwa eine Gitarre? Dann entführen Sie Ihre Freundin einmal in die freie Natur und spielen Sie ihr dort ein Ständchen!

♥373♥ Nehmen Sie eine Videokamera und drehen Sie zusammen Ihr eigenes Musikvideo zu Ihrem liebsten Lovesong.

Für Naturliebhaber

♥374♥ Auch über Regen kann sich ein Liebespaar nicht ärgern! Spazieren Sie gemeinsam eng umschlungen unter einem großen Schirm durch den Sommerregen – oder gehen Sie ohne Schirm, wenn es warm genug ist. Ein ganz besonderes Erlebnis ist es, bei warmem Regen im Freibad zu schwimmen (natürlich nur, solange kein Gewitter tobt).

♥375♥ Haben Sie einen Garten? Zelten Sie eine Nacht lang eng aneinander geschmiegt. Oder stellen Sie Ihr Zelt in der freien Natur auf.

♥376♥ »Adoptieren« Sie einen Baum oder eine andere Pflanze in einem nahe gelegenen Park oder Wald. Besuchen Sie ihn mindestens einmal pro Woche auf einem Spaziergang zu zweit. Nehmen Sie bewusst wahr, wie er sich über die Zeit verändert.

♥377♥ Machen Sie ein romantisches Herbstpicknick im Bett! Sie müssen nur bunte Herbstblätter sammeln und damit Ihr Bett auslegen. Dann können Sie den Picknickkorb auch auspacken, wenn es draußen schon kalt und stürmisch wird.

♥378♥ Hängen Sie eine Hängematte an einem versteckten Ort im Wald auf und verbringen Sie dort ungestörte Schäferstündchen zu zweit.

♥379♥ Laufen Sie zusammen über den morgendlichen Tau einer grünen Wiese – barfuß!

♥380♥ Spielen Sie »Ich sehe was, was du nicht siehst« draußen im Wald.

♥381♥ Falls nach einem Regenguss die Sonne scheint: Gehen Sie aus dem Haus und suchen Sie einen Regenbogen!

♥382♥ Verschenken Sie Sex im Freien! Als Symbol überreichen Sie die CD »Ein Bett im Kornfeld« von Jürgen Drews, verpackt mit einer roten Schleife …

♥383♥ Lassen Sie im Herbst mal wieder zusammen Drachen steigen!

♥384♥ Machen Sie zusammen eine große Schale Maibowle und setzen Sie sich damit im Wald auf eine Frühlingswiese. Genießen Sie zusammen den Geruch und den Geschmack des Frühlings.

♥385♥ Legen Sie für Ihre Freundin zum Geburtstag einen kleinen Gartenteich mit Seerosen an – für romantische Abendstunden zu zweit.

♥386♥ Liebe im Höhenflug: Besteigen Sie einen hohen Berg und probieren Sie gemeinsam Ihr Echo aus.

♥387♥ Machen Sie zusammen eine beschauliche Dampferfahrt auf Rhein, Mosel, Neckar, Donau, Weser oder Main. Einen Überblick über Routen und Anbieter gibt es bei www.personenschiffe.de.

♥388♥ Gehen Sie an einem schönen Sommertag raus ins Freie und machen Sie eine schöne Fotoserie von Ihrer Freundin. Oder besorgen Sie sich für den Badeurlaub eine Unterwasserkamera (gibt's auch als günstige Quicksnap) und machen Sie gegenseitig ein paar Unterwasserfotos von sich.

♥389♥ Legen Sie sich gemeinsam mit nackten Füßen in den Park. Pflücken Sie ein paar Gänseblümchen und stecken Sie Ihrer Freundin je eines zwischen die Zehenzwischenräume.

Happy Birthday

♥390♥ Überraschen Sie Ihren Partner mit einer Geburtstagsparty unter Palmen. Möglich macht es das Botanikum München, Feldmochingerstr. 75–79, 80993 München, Tel. 089 / 1 41 17 15.

♥391♥ Backen Sie Ihrem Freund zum Geburtstag einen Kuchen in Herzform.

♥392♥ Möchten Sie bewusster schenken? Surfen Sie auf der Seite des Schenkforschers Dr. Friedrich Rost von der Freien Universität Berlin vorbei: http://userpage.fu-berlin.de/~rostfu/texte.htm.

♥393♥ Bereiten Sie eine der in diesem Buch beschriebenen Überraschungen für Ihren Partner an IHREM EIGENEN Geburtstag vor. An diesem Tag wird er noch weniger damit rechnen, dass ausgerechnet Sie ihn überraschen sollten.

♥394♥ Feiern Sie nicht den GeburtsTAG Ihres Partners, sondern die GeburtsMINUTE. Finden Sie anhand seiner Geburtsurkunde die genaue Zeit heraus, zu der er das Licht der Welt erblickte. Gratulieren Sie ihm genau zu dieser Minute mit einer angezündeten Wunderkerze in der Hand – egal, ob es mitten in der Nacht ist oder vielleicht am späten Nachmittag und Sie ihn bei der Arbeit aufsuchen müssen.

♥395♥ Gibt es etwas sehr Teures, das Ihr Freund liebend gerne hätte, Sie ihm aber nicht schenken können? Eine Yacht, ein bestimmtes Auto oder ein großes Motorrad? Gehen Sie ins Spielzeuggeschäft und finden Sie eine Miniversion davon, die Sie Ihrem Freund überreichen können.

♥396♥ Verpacken Sie Ihr Geschenk originell: Verstauen Sie es in einem Bahnhofsschließfach und überreichen Sie nur den Schlüssel. Sie können natürlich auch einen Banksafe zu diesem Zweck anmieten …

♥397♥ Verabreden Sie sich mit Kollegen Ihrer Frau und schmücken Sie am Abend vor ihrem Geburtstag heimlich ihren Arbeitsplatz.

♥398♥ Als Kind haben Sie zu jedem Geburtstag dem neuen Lebensalter entsprechend viele Kerzen bekommen. Irgendwann hat dieser Brauch geendet. Beginnen Sie wieder damit! Schenken Sie Ihrem Schatz so viele Kerzen, wie er alt wird – egal, ob es der 19., der 39. oder der 69. Geburtstag ist. Natürlich muss er sie auch heute noch mit einem Atemzug auspusten!

♥399♥ Bestücken Sie den Kuchen mit Wunderkerzen statt mit Wachskerzen.

♥400♥ Wecken Sie Ihren Partner mit so vielen Küsschen, wie er alt wird – verteilt auf den ganzen Körper.

♥401♥ Kaufen Sie so viele kleine Geschenke, wie das Geburtstagskind Jahre alt wird – Schokolade, Kinogutscheine, einzelne Rosen, Zettel mit Liebesgedichten usw. Verstecken Sie die Geschenke an verschiedenen Orten über die ganze Wohnung verteilt und lassen Sie das Geburtstagskind suchen …

♥402♥ Wenn Ihnen nicht genügend verschiedene Geschenke einfallen: Schenken Sie Ihrem Schatz einfach so viele kleine Teddybären, wie er alt wird.

♥403♥ Überlegen Sie, welcher Gegenstand Ihnen in Ihrer Kindheit am wichtigsten war – vielleicht ein Stofftier, ein Stein oder etwas, das Sie gebastelt haben. Schenken Sie es Ihrem Partner zum Geburtstag. Es gibt kein intimeres Geschenk, als das persönliche »Heiligtum« Ihrer eigenen Kindheit.

♥404♥ Feiern Sie einmal Geburtstag wie in der »YES«-Werbung: draußen im Wald, mit einem YES-Törtchen und einer kleinen Kerze …

♥405♥ Wirklich ausgefallene Geschenkideen bietet Ihnen der Service von www.yousmile.de!

♥406♥ Machen Sie Ihrem Partner einen Geschenkkorb mit verschiedenen schönen Dingen – aber alle in seiner Lieblingsfarbe. Denken Sie an kleine und große Geschenke aus verschiedenen Bereichen: Kleidung, Einrichtung, Kunst, Autos ... – alles in derselben Farbe!

♥407♥ Kaufen Sie so viele winzige Blumenväschen, wie Ihre Freundin alt wird. Stellen Sie in jedes ein Gänseblümchen und verteilen Sie sie über das ganze Badezimmer, bevor Ihre Freundin es am Morgen betritt.

♥408♥ Wenn Sie am Geburtstag Ihrer Freundin mit ihr essen gehen, überreden Sie alle anwesenden Gäste, ihr ein Ständchen zu bringen. Vergessen Sie nicht, dem Kellner zu verraten, dass sie Geburtstag hat, denn meist lässt sich das Personal dann auch noch etwas einfallen.

♥409♥ Wecken Sie Ihre Freundin an ihrem Geburtstag mit dem Lied »Für mich soll's rote Rosen regnen«. Besorgen Sie sich vorher eine Hand voll Rosenblätter, die Sie dann langsam über das Bett rieseln lassen. Oder füllen Sie die Rosenblätter in einen Luftballon und blasen Sie ihn auf. Halten Sie den Ballon über das Bett und lassen Sie Ihre Freundin mit einer Nadel hineinstechen ...

♥410♥ Schmeißen Sie für Ihren Schatz zum Geburtstag eine Überraschungsparty – aber mit Ihnen als einzigem Gast!

Hochzeitsglocken

♥411♥ Sind Sie zu schüchtern, den Heiratsantrag in Worte zu fassen? Helfen Sie sich selbst auf die Sprünge: Reservieren Sie einen Tisch in einem vornehmen Restaurant. Gehen Sie kurz vorher alleine dorthin und verstecken Sie einen Ring in der Serviette auf dem Platz, auf dem Ihre Freundin sitzen wird (natürlich sollten Sie die Kellner einweihen). Wenn der Ring zum Vorschein kommt, ist schon (fast) alles gesagt …

♥412♥ Machen Sie als Frau den ersten Schritt – und einen Heiratsantrag! Cindy Crawford hat's auch so getan.

♥413♥ Heiraten Sie auf einem Vulkan! Das Standesamt von White Island liegt direkt dort, wo die Erde brodelt. Infos hierzu und zu anderen ausgefallenen Hochzeitsideen bei REISEN & TRÄUMEN, Hüflegewann 18, 77756 Hausach, Tel. 07831/83383, www.reisen-traeumen.de.

♥414♥ Besuchen Sie spontan eine Hochzeit von wildfremden Menschen! Orte und Termine finden Sie in der Tages- oder Kirchenzeitung.

♥415♥ Wollen Sie wie Madonna in den romantischen Highlands Schottlands heiraten? Das Fremdenverkehrsbüro hat unter www.visitscotland.com eine Beratungsseite für Nachahmer der Traumhochzeit eingerichtet.

♥416♥ Sind Sie frisch verheiratet? Machen Sie sich ein »Just Married«-Schild ans Auto, wie in amerikanischen Filmen ... Natürlich können Sie auch »Frisch verliebt« auf das Schild schreiben.

♥417♥ Wenn Sie eher mit dem Fahrrad unterwegs sind: Kaufen Sie sich ein Tandem und hängen Sie das Schild an den Gepäckträger.

♥418♥ Wenn Sie gar kein Fortbewegungsmittel haben: Hängen Sie das Schild an Ihre Wohnungstür! Oder hängen Sie eine Fahne mit der Aufschrift aus dem Fenster!

♥419♥ Las Vegas ist der Traum vieler Hochzeitspaare. Warum erkundigen Sie sich nicht nach einer unvergesslichen Hochzeitsfeier in der »Candle-Light Wedding Chapel«? Infos gibt's im Reisebüro.

♥420♥ Ein Paar erzählte mir einmal, dass es sich das Jawort während des Liebesaktes gab. Allerdings war der Standesbeamte, der die beiden traute, ein guter Bekannter ... Haben Sie vielleicht auch einen Standesbeamten im engeren Freundeskreis?

♥421♥ Auf jeden Fall können Sie die Trauungszeremonie nackt (nach)erleben – Sie müssen dafür nur nach Jamaika jetten: Der Ferienclub Hedonism III (www.superclubs.com) bietet Arrangements für Nackthochzeiten in traumhafter Umgebung. Info und Buchung über: Inter Connect Marketing, Tel. 089/517030.

♥422♥ Oder möchten Sie lieber auf der Golden Gate Bridge in San Francisco heiraten? Info: INFINITY REISE CONSULTING, Bayerstraße 95, 80335, München. Tel. 089/5389628, www.world-wide-weddings.de).

♥423♥ Fahren Sie in den Hafen der Ehe ein – und zwar auch im wörtlichen Sinne: Heiraten Sie auf einem Schiff. Feste auf dem Bodensee organisieren zum Beispiel die Bodensee Schiffsbetriebe, Hafenstraße 6, 78462 Konstanz, http://www.bsb-online.com.

♥424♥ Ein Standesamt auf dem Leuchtturm bietet der Verkehrsverein Nordseeheilbad Wangerooge e. V., Postfach 220, 26476 Wangerooge, Tel. 04469/94880.

♥425♥ Ein wunderbarer Anfang für Ihre Ehe: Heiraten Sie in 24960 Glücksburg, und zwar im Schloss! Das Trauzimmer befindet sich in einem der vier Türme. Info: Tel. 04631/2213.

♥426♥ In Kiedrich gibt es einen »Weinberg der Ehe«, auf dem jedes Paar, das dort getraut wird, einen eigenen Weinstock für den gemeinsamen Lebensweg bekommt. Alle zwei Jahre werden alle Paare zum Kiedricher Rieslingfest eingeladen. Infos beim Verkehrsamt Kiedrich, Tel. 06123/90500.

♥427♥ Heiraten Sie mit einer Blitz-Hochzeit! Möglich ist dies in Dänemark: Sie können hinfahren, heiraten und wieder zurückfahren. Nähere Infos in der Broschüre »Heirat in Dänemark«, anzufordern bei: Dänische Kommunal-Cooperative, Boelcke-Straße 68, 55252 Mainz, www.heiraten-online.de.

♥428♥ In Las Vegas können Sie im freien Fall heiraten – Sie springen samt Trauzeugen aus einem Flugzeug ab. Infos bei Distinctive Weddings, P.O. Box 86279, Phoenix, Arizona 85080-6279, USA, Tel. 001/602/482-7792, www.distinctivewedding.com.

♥429♥ Bewahren Sie sich eine bleibende Erinnerung an Ihren Hochzeitstag: Frieren Sie ein Stück von der Hochzeitstorte ein – und tauen Sie es nie wieder auf! Verpacken Sie es in einer Tüte mit einer schönen Aufschrift, etwa »Erinnerung an die Besiegelung unserer Liebe«.

♥430♥ Verbinden Sie die kirchliche Hochzeit direkt mit den Flitterwochen: Am Frankfurter Flughafen können sich in den beiden Kapellen evangelische und katholische Paare trauen lassen. Eventuell nötigen Brautunterricht gibt's in zwei Stunden vom Flughafenpfarrer vor Ort! Hier können Sie auch eine ursprünglich nicht geplante kirchliche Hochzeit spontan nachholen.

♥431♥ Machen Sie Ihrer Freundin einen originellen Heiratsantrag: Besorgen Sie sich genügend fluoreszierende Sterne und kleben Sie damit den Satz »Willst du mich heiraten?« an die Zimmerdecke über Ihrem Bett. Strahlen Sie die Sterne mit einer hellen Lampe an, damit sie im Dunkeln auch kräftig leuchten. Warten Sie, bis Ihre Freundin schlafen geht …

Für Weltenbummler

♥432♥ Schreiben Sie Ihrem Partner auch dann eine Postkarte aus dem Urlaub, wenn Sie mit ihm zusammen verreist sind.

♥433♥ Romantik pur bietet das über 100 Jahre alte Hotel »Beau-Site« in Saas-Fee. Fordern Sie einfach mal Unterlagen an (Tel. 0041/27/9581560)!

♥434♥ Welches Land liebt Ihre Frau? Überraschen Sie sie mit einem Länderabend, wenn sie nach Hause kommt! Besorgen Sie landestypische Speisen und passende Dekoration. Sie könnten etwa für einen USA-Abend nach Postern oder Flaggen im Amerika-Haus oder in betreffenden ausländischen Kulturinstituten fragen.

♥435♥ Besuchen Sie New York in der Vorweihnachtszeit. Fahren Sie gemeinsam Schlittschuh im verschneiten Central Park oder lassen Sie sich von den dort bereit stehenden Kutschen durch die märchenhafte Winterlandschaft fahren. Flüge gibt es schon für wenig Geld.

♥436♥ Hat Ihr Freund ein Traumziel, aber aus irgendwelchen Gründen hat es mit der Reise dorthin noch nie geklappt? Leihen Sie ein Reisevideo über das betreffende

Land aus und entfliehen Sie Ihrem Alltag gemeinsam in Gedanken …

♥437♥ Einen kurzen Ausflug in die Südsee können Sie aber auch einfacher haben, als Sie denken: Die Therme Erding (Thermenallee 1, 85435 Erding, Tel. 08122/229922, www.therme-erding.de) bietet ein unvergleichliches Südsee-Ambiente mitten in Bayern!

♥438♥ Haben Sie schon immer von einer gemeinsamen Reise im Orientexpress geträumt? Machen Sie den Traum wahr! Infos gibt es in Reisebüros.

♥439♥ Wenn Ihnen der Orientexpress zu langweilig ist, dann probieren Sie doch mal den Desert Express. Er fährt durch die Namib-Wüste, eine der eindrucksvollsten Wüstenlandschaften der Erde. Buchung über: Best of Africa, http://www.best-of-africa.com.

Die romantischsten Orte der Welt

auf dem Pariser Eiffelturm
in den Gondeln in Venedig
New York zur Weihnachtszeit
auf der Trauminsel Hawaii
in den Lavahöhlen von Lanzarot

♥440♥ Gemeinsames Fahrradfahren in der unmittelbaren Umgebung wird schnell langweilig. Buchen Sie doch zusammen eine Radtour auf der Seidenstraße! Sie führt in sieben Tagen zu den Achttausendern des Nanga Parbat in Pakistan – ohne aber besondere körperliche Fitness zu fordern. Kontakt: One World – Reisen mit Sinnen, Dortmund, Tel. 0231/164480, http://www.reisenmitsinnen.de.

♥441♥ Schippern Sie in Ihrem eigenen Hausboot durch Irland! Infos bei der Irischen Fremdenverkehrszentrale, Untermainanlage 7, 60329 Frankfurt, Tel. 069/66800950, www.irland-ferien.de.

♥442♥ Auch den Frankreich-Urlaub kann man in trauter Zweisamkeit im Hausboot genießen – mit Reisen der Firma Crown Blue Line (Tel. 06101/501033, www.crownblueline.com).

♥443♥ Finden Sie heraus, wo die nächste Sonnenfinsternis sein wird (zum Beispiel über www.astronomie.de), und reisen Sie gemeinsam dorthin.

♥444♥ Fertigen Sie Ihre persönlichen Liebesansichtskarten aus dem Urlaub: Machen Sie ein schönes gemeinsames Foto am Strand, lassen Sie es vor Ort entwickeln und vervielfältigen und verschicken Sie es an Ihre Freunde zu Hause.

♥445♥ Stecken Sie beim nächsten Badeurlaub einen Kassettenrekorder ins Gepäck. Nehmen Sie das Meeresrauschen auf – und lassen Sie mit dem Band die Urlaubsstimmung im heimischen Schlafzimmer noch lange weiter leben.

♥446♥ Bringen Sie aus jedem Urlaub ein gemeinsames Souvenir mit und sammeln Sie alles an einem bestimmten Ort, wenn möglich in einer Glasvitrine.

♥447♥ Machen Sie im Urlaub nie Fotos, auf denen »nur« Landschaft zu sehen ist. Bitten Sie wenn irgend möglich immer jemanden, der an sehenswerten Orten ein Foto von Ihnen beiden macht.

Rosen und andere Blumen

♥448♥ Kaufen Sie eine Unmenge frischer roter Rosen und bedecken Sie das Bett damit, wenn Ihr Liebster nach Hause kommt. Spielen Sie dazu den Song »I wanna lay you down in a bed of roses«.

♥449♥ »Verlangen« Sie die erste rote Rose, die Sie Ihrer Freundin geschenkt haben, einige Zeit später wieder von ihr zurück. Trocknen Sie die Blütenblätter und kleben Sie sie in Herzform auf ein Stück Pappe. Kaufen Sie einen schönen Rahmen für das kleine Kunstwerk und schenken Sie Ihrer Freundin die Rose in der veränderten Form noch einmal.

♥450♥ Schenken Sie Ihrem Schatz einen Rosenstrauß, der für immer hält: Tauchen Sie ihn vorher in flüssiges Wachs. Die Frische und Schönheit der Rosen wird mit einer hauchdünnen Wachsschicht konserviert.

♥451♥ Auf diese Weise können Sie sich einen schönen Strauß schaffen, der mit Ihrer Beziehung wächst: Fügen Sie ihm einfach jedes Jahr eine mit Wachs haltbar gemachte Blume hinzu.

♥452♥ Wer's trotzdem lieber frisch mag: Erteilen Sie dem Blumenservice doch einfach einen Dauerauftrag über einen herrlichen Strauß roter Rosen, zu liefern jede Woche an die Anschrift Ihrer Freundin. Wählen Sie jeweils Samstag als Liefertermin, dann hat Ihre Liebste am Wochenende das meiste von der Blumenpracht.

♥453♥ Pflanzen Sie für Ihren Mann die Blumen in Ihrem Garten in Herzform.

♥454♥ Schütteln Sie auch immer nur genervt den Kopf, wenn ein Rosenverkäufer ein Lokal betritt, in dem Sie mit Ihrer Frau sitzen? Warum kaufen Sie Ihrer Frau nicht tatsächlich einmal vor allen anderen Leuten eine rote Rose? Ich weiß, dass sich schon viele Frauen über eine solche Geste sehr gefreut haben.

♥455♥ Gehen Sie im März gemeinsam in den Wald und suchen Sie die vorwitzigste Frühlingsblume, die sich vor allen anderen zeigt. Wer sie zuerst sieht, hat ein prickelndes Frühlingsküsschen gewonnen.

♥456♥ Auch wenn die Krokusse schon überall sprießen, gibt es einen Anlass dafür, die Natur ganz bewusst bei einem romantischen Spaziergang wahrzunehmen: der Internationale Tag der biologischen Vielfalt am 22. Mai.

♥457♥ Manchmal ist ein spontan gepflückter Wiesenblumenstrauß romantischer als rote Rosen. Bringen Sie zur

Abwechslung doch einmal einen selbst gepflückten Strauß Blumen mit nach Hause.

♥458♥ Klemmen Sie Ihrem Freund eine rote Rose hinter den Scheibenwischer.

♥459♥ Lassen Sie Ihrer Frau einen riesigen Strauß roter Rosen an den Arbeitsplatz liefern!

♥460♥ Kaufen Sie weiße Rosen und färben Sie sie in der Lieblingsfarbe Ihres Partners ein. Sie müssen dazu einfach die Farbe ins Wasser geben und ein wenig warten.

♥461♥ Entführen Sie Ihren Schatz nach Rosenheim in Oberbayern und überreichen Sie ihm bei diesem kleinen Ausflug den größten Strauß blutroter Rosen, den er je gesehen hat. Nicht weniger eignen sich dafür die Orte 73494 Rosenberg, 07819 Rosendorf, 21221 Rosengarten oder 55543 Rosenhof.

♥462♥ Legen Sie eine schöne rote Rose neben Ihren Partner ins Bett, bevor er aufwacht. Vielleicht entfernen Sie vorher die Dornen, oder Sie platzieren die Rose vorsichtshalber auf dem Nachttisch; auch das wirkt.

♥463♥ Genießen Sie nicht nur die Schönheit, sondern auch den oft erstaunlich guten Geschmack von Blumen. Probieren Sie zusammen ein neues Menü aus dem Kochbuch »Köstlichkeiten mit Blumen. Rezepte, Ideen, Wohlbehagen« von Alice Caron Lambert.

♥464♥ Verschenken Sie einen selbst gebastelten Blumenstrauß. Wie Sie verschiedene Blumen falten können, erfahren Sie in den meisten Origamibüchern. Besonders schön ist es, wenn Sie eine kleine Karte an den Strauß anhängen, auf die Sie schreiben: »Ich liebe dich, bis die letzte Blume in diesem Strauß verwelkt ist.«

♥465♥ Wenn Sie einen Garten haben: Pflanzen Sie statt Rasen ein Lavendelfeld an! Stürzen Sie sich dann zusammen in ein betörendes Bad aus Duft und Farben.

♥466♥ Legen Sie eine Spur aus roten Rosen von der Wohnungstür ins Schlafzimmer, bevor Ihr Mann nach Hause kommt. Erwarten Sie ihn am Ende der Spur in anregender Atmosphäre …

♥467♥ Schenken Sie Vergissmeinnicht statt immer nur Rosen.

♥468♥ Überraschen Sie Ihren Schatz mal mit einer neuen Tischdeko: Sammeln Sie viele bunte Blüten und legen Sie damit ein Mosaikbild auf den Frühstückstisch.

♥469♥ Gärtnern Sie gerne? Warum versuchen Sie nicht einmal, eine eigene Rosenart zu züchten – und Sie dann nach Ihrer Freundin zu benennen.

♥470♥ Mag Ihre Frau keine Schnittblumen oder ist sie gar dagegen allergisch? Bringen Sie Ihr einen bunten Strauß aus Luftballons mit nach Hause! Sie können auch in jedem Ballon vor dem Aufblasen einen kleinen Zettel mit einer Liebesnotiz verstecken.

Für Nostalgiker

♥471♥ Versuchen Sie das Kopfkissen ausfindig zu machen, auf das Sie zum ersten Mal beide Ihren Kopf gelegt und »Ich liebe dich« gesagt haben. Hüten Sie dieses Kissen als die Wiege Ihrer Liebe.

♥472♥ Für Verheiratete: Laden Sie Ihre Trauzeugen ein und schwelgen Sie gemeinsam in Erinnerungen und Fotos an Ihre Hochzeit. Genießen Sie noch einmal Ihr Hochzeitsmenü von damals.

♥473♥ Suchen Sie gemeinsam den Ort auf, an dem Sie sich kennen gelernt haben.

♥474♥ Spielen Sie die Szene Ihres Kennenlernens nach!

♥475♥ Erzählen Sie sich gegenseitig, was Sie in der ersten heißen Verliebtheitsphase Ihren Freunden und Verwandten über Ihre neue Flamme berichtet haben.

♥476♥ Besorgen Sie eine Zeitung vom Tag Ihres Kennenlernens!

♥477♥ Sie sind noch nicht verheiratet und können keinen Hochzeitstag feiern? Es gibt viele andere Möglichkeiten: Feiern Sie den Tag des ersten Kennenlernens, des ersten Kusses, der ersten gemeinsamen Nacht, des Zusammenziehens …

♥478♥ Feiern Sie den Jahrestag Ihrer Beziehung mit einer Flasche Wein des Jahrgangs, in dem Sie sich kennen gelernt haben.

♥479♥ Führen Sie Fotoalben mit Fotos aus Ihrer Beziehung. Beschriften Sie alles sorgfältig und stöbern Sie hin und wieder in der Sammlung.

♥480♥ Mit gewissen Situationen sind bestimmte Songs untrennbar verbunden: zum Beispiel das Lied, das die Band im Urlaub immer gespielt hat, oder der Titel, der bei Ihrem ersten Kuss lief. Nehmen Sie die Musik auf eine Kassette auf und kleben Sie die Kassette an der jeweiligen Stelle mit ins Fotoalbum ein.

♥481♥ Am 9. September feiern die Amerikaner den »National Grandparents Day«. Besuchen auch Sie mal wieder zusammen Ihre Eltern oder Großeltern und erinnern Sie sich an alte Zeiten. Geschichten über die Kindheit Ihres Partners sind die schönsten, die Sie erfahren können …

♥482♥ Wo Sie schon einmal da sind: Bedanken Sie sich bei den Eltern Ihres Partners – dafür, dass sie ihm das Leben geschenkt haben.

♥483♥ Sammeln Sie alle gemeinsam benutzten Eintrittskarten, Tickets, Urlaubserinnerungen usw. in einer Box. Machen Sie eine schöne Collage daraus!

♥484♥ Seien Sie der Chronist Ihrer eigenen Beziehung: Notieren Sie alle wichtigen Ereignisse in einem fortlaufenden Buch, zum Beispiel so:

3. April 2001: Erster Kuss
6. Mai 2001: Erster Besuch bei Kais Eltern
2. Juli 2001: Iris fängt neuen Job an

Blättern Sie in ruhigen Stunden zu zweit immer einmal wieder in den Aufzeichnungen.

♥485♥ Machen Sie es wie Céline Dion: Heiraten Sie Ihren Partner zum zweiten Mal! Oftmals ist die erste Hochzeit ja eher nüchtern gewesen, nur vor dem Standesamt, vielleicht hat das Geld für ein großes Fest gefehlt. Holen Sie das alles nach. Feiern Sie in romantischem Ambiente mit allen alten und neuen Freunden und lassen Sie sich Ihren Bund fürs Leben noch einmal besiegeln …

♥486♥ Bereiten Sie für Ihren Freund eine ganz persönliche Schnitzeljagd vor: Hinterlassen Sie ihm einen Zettel, auf dem Sie ihn bitten, den Ort Ihres ersten Kennenlernens aufzusuchen. Dort verstecken Sie einen zweiten Zettel, der ihn zum Ort Ihres ersten Kusses führt, usw. Denken Sie sich für das »Finale« einen schönen Platz im Freien aus, an dem Sie beide ganz allein sein können. Warten Sie dort mit einer Flasche Champagner auf ihn.

♥487♥ Wo haben Sie Ihre erste Nacht zusammen verbracht? In einer Studentenbude, im Hause Ihrer Eltern, in einem Hotel? Suchen Sie den Ort auf und verbringen Sie dort wieder eine Nacht zusammen! Egal, wer dort jetzt wohnt – überreden Sie ihn dazu, Ihnen das Zimmer für eine Nacht zu überlassen.

♥488♥ Blättern Sie gemeinsam durch alte Schulzeitungen, in denen Sie abgebildet oder beschrieben sind.

♥489♥ Gehören Sie beide zur »Generation Golf«, die in den 1980er Jahren aufgewachsen ist? Oder haben Sie sich gar in diesen Jahren kennen gelernt? Kaufen Sie sich die 1980er Edition des Kultspiels »Trivial Pursuit« und lassen Sie gemeinsam die alte Zeit wieder lebendig werden – mit Fragen zu Alf, Denver, Gorbi & Co.

♥490♥ Lassen Sie jedes Jahr an Ihrem Kennenlerntag ein Foto von sich beiden beim Fotografen machen. Hängen Sie alle Fotos zu Hause in eine fortlaufende Reihe an die Wand.

♥491♥ Nehmen Sie einen der Jahresrückblicke auf Video auf, die kurz vor Silvester im Fernsehen kommen. Schauen Sie sich das Band Monat für Monat zusammen an. Machen Sie dazwischen immer eine Pause und überlegen Sie, was Sie beide alles in dem betreffenden Monat erlebt haben.

♥492♥ Erinnern Sie sich gemeinsam an die allerersten Worte, die Sie zueinander gesagt haben, als Sie sich zum allerersten Mal im Leben begegnet sind. Schreiben Sie diesen Dialog der ersten Sätze auf, rahmen Sie ihn ein und hängen Sie ihn in Ihr Schlafzimmer.

Feuer und Flamme

♥493♥ Ein oder zwei Lichterketten zu Weihnachten sind Standard. Probieren Sie es mal mit mehr: In der texanischen Kleinstadt Marshall gibt es jedes Jahr ein richtiges »Wonderland of Lights« (siehe www.marshall-chamber.com/pages/wonderland.php). Alle Bewohner schmücken ihre Häuser und Gärten um die Weihnachtszeit mit unzähligen bunten Lichtern. Verwandeln Sie auch einmal Ihr Hause in ein solch romantisches Märchenschloss. Kaufen Sie viele, viele, viele Lichterketten und Lämpchen, schmücken Sie Ihr Haus innen und außen und baden Sie zusammen in Ihrem ganz privaten »Wonderland of Lights«.

♥494♥ Machen Sie aus Ihrem Schlafzimmer ein leuchtendes Meer aus Kerzen!

♥495♥ Ersetzen Sie Ihre elektrischen Nachttischlampen durch Petroleumleuchten.

♥496♥ Lümmeln vor dem Kamin ist ein Klassiker für verliebte Paare. Wenn Sie einen Kamin haben, dann schaffen Sie sich ein Bärenfell zum Kuscheln am Feuer an. LIEBEN Sie sich vor dem Feuer!

♥497♥ Holen Sie sich ein Stück »amerikanische Romantik« ins Haus: Stecken Sie Marshmallows auf einen Spieß und rösten Sie sie im Kaminfeuer.

♥498♥ Man muss Kaminromantik nicht deshalb abschreiben, weil man keinen Kamin besitzt: Vielleicht kennen Sie jemanden, der einen hat. Überreden Sie ihn, Ihnen die Räumlichkeiten für einen Abend zu überlassen. Überraschen Sie Ihren Partner mit einem spontanen Ausflug ins Kuschelparadies. Oder übernachten Sie in einem Hotel mit Kamin im Zimmer.

♥499♥ Man kann das Feuer auch auf Video kaufen. Legen Sie das Bärenfell einfach vor den Fernseher – und genießen Sie. Nur die Marshmallows können Sie darin nicht rösten ...

♥500♥ Für ein herzliches Silvester: Stellen Sie kleine Vulkan-Feuerwerkskörper in Herzform auf der Straße auf. Zünden Sie sie an und rufen Sie Ihre Freundin.

♥501♥ Überraschen Sie Ihre Frau am Hochzeitstag mit einem bombastischen Feuerwerk vor ihrem Fenster. Infos bei Pyromania, Jakobstraße 12/1, 71732 Tamm, Tel. 07141/200355, www.pyromania.de.

♥502♥ Stellen Sie im Garten kleine Kerzen an den Weg, bevor Ihr Mann abends nach Hause kommt.

♥503♥ Falls Sie einen ausreichend großen Garten besitzen, schaffen Sie sich doch ein wenig Lagerfeuerromantik: Machen Sie ein kleines Lagerfeuer auf einer feuerfesten Unterlage und grillen Sie Fleisch, das Sie auf einem Stöckchen darüber halten.

♥504♥ Für diese Idee brauchen Sie eine Hand voll Freunde als Helfer, sie verschafft Ihnen beiden aber ein wirklich beeindruckendes Erlebnis. Sie können sie an einem besonderen Tag verwirklichen, vielleicht an Ihrem Jahrestag. Stecken Sie auf einer Wiese (am besten in Ihrem Garten, wenn Sie einen haben) viele Wunderkerzen in Form eines großen Herzens in den Boden. Warten Sie, bis es dunkel ist und man die Kerzen nicht mehr so leicht sieht. Ihre Freunde sollen sich nun mit einem Feuerzeug bewaffnet um das Herz stellen. Nachdem Sie sich mit Ihrem Partner in die Herzmitte gesetzt haben, zünden Ihre Freunde möglichst gleichzeitig alle Wunderkerzen an.

Für Abgehobene

♥505♥ Touristische Reisen zum Mond sind vielleicht schon bald möglich. Wenn Sie schon überall gewesen sind, dann schenken sie Ihrer Frau doch einmal einen Gutschein für eine gemeinsame Mondexpedition zusammen mit dem Reiseführer »Moon Handbook. A 21st-Century Travel Guide« von Carl Koppeschaar (über Amazon)! Einen schönen Anlass für ein solches Geschenk bietet die Internationale Weltraumwoche vom 4. bis 10. Oktober!

♥506♥ Suchen Sie zusammen den höchsten öffentlich begehbaren Ort in Ihrer Heimatstadt auf. Vielleicht ist es ein Restaurant auf einer Aussichtsplattform, vielleicht der Turm der Dorfkirche (viele Kirchtürme kann man nach Rücksprache mit dem Pfarramt besichtigen). Traute Zweisamkeit in himmlischer Höhe hat seit jeher einen besonderen Reiz.

♥507♥ Fahren Sie auf dem Jahrmarkt zu zweit mit dem Riesenrad!

♥508♥ Mieten Sie einen Heißluftballon für eine unvergessliche Fahrt zu zweit (die Möglichkeit dazu gibt es in jedem größeren Ort; schauen Sie einfach ins Branchenbuch). Am schönsten ist es, bei Sonnenaufgang am Himmel zu schweben.

♥509♥ Viele Paare wollten sich schon immer einmal im Aufzug lieben. Tun Sie es! Suchen Sie das höchste Gebäude in Ihrem Umkreis auf und fahren Sie von ganz unten nach ganz oben, immer wieder …

♥510♥ Urlaub zu zweit im Baumhaus – klingt das romantisch? Können Sie haben! Im Bergdschungel von Nordkerala bietet Comtour (Ruhrstraße 40, 45219 Essen-Kettwig, Tel. 0 20 54 / 9 54 70, www.comtour.de) traumhafte Nächte in luftiger Höhe an.

♥511♥ Träumen Sie davon, einmal gemeinsam in einem Zeppelin zu fliegen? Die Luftfahrt-Agentur (http://www.luftfahrtagentur.de) bietet Rundflüge über den Bodensee an.

♥512♥ Erklären Sie Ihrer Freundin Ihre Liebe mit einem riesigen Werbezeppelin! Zeppelinwerbung können Sie zum Beispiel buchen bei MH Airpromotions, Emser Straße 134, 56076 Koblenz, Tel. 02 61 / 9 88 66 11 (www.mh-airpromotions.de). Oder kaufen Sie sich Ihren eigenen kleinen Zeppelinballon (gibt es in vielen Hobby- und Spielzeuggeschäften).

♥513♥ Die Firma Eifel-Ballooning (Tel. 0 65 92 / 98 54 65, http://www.eifel-ballooning.de) organisiert auch Hochzeiten im Heißluftballon!

♥514♥ Träumen Sie heimlich davon, Sex in den Wolken zu haben? Dann sind Sie damit nicht alleine! Im amerikanischen »Mile High Club« haben sich lauter Paare organisiert, die sich in mindestens einer Meile Höhe (entspricht 1,609 km) lieben wollen. Unter www.milehighclub.com finden Sie unter anderem Fluggesellschaften, die Sie samt Matratze an Bord in den siebten Himmel katapultieren.

Für Kindsköpfe

♥515♥ Wenn Ihr Partner Geburtstag hat, laden Sie heimlich ein paar Freunde ein und arrangieren Sie eine Kindergeburtstagsparty bei McDonald's! Bitten Sie den Manager, eine Ausnahme zu machen ...

♥516♥ Malen Sie gegenseitig Bilder von sich, wie Sie auch im Kindergarten Ihre Familie gemalt haben.

♥517♥ Suchen Sie Ihre Lieblingsbücher aus der Kindheit heraus! Lesen Sie sich gegenseitig daraus vor.

♥518♥ Hören Sie beim Einschlafen eine Kinderkassette!

♥519♥ Wahrscheinlich wollten auch Sie als Kind immer gerne die spannenden Abenteuer erleben, die Sie in den Kinderbüchern gelesen haben. Holen Sie das nach! Machen Sie sich zusammen mit Ihrem Schatz zu Kinderbuchhelden. Die Firma PEGASTAR bietet personalisierte Bücher an, in denen Sie die Hauptrolle spielen! Kontakt: PEGASTAR AG, Puits-Godet 12, CH-2000 Neuchâtel, Schweiz, Tel. 0041/32/ 7290045, Fax 0041/32/7248550, www.pegastar.de.

♥520♥ Feiern Sie Ostern wie früher: Verstecken Sie für Ihren Mann Ostereier im Garten! Oder verstecken Sie die Überraschungen zum Beispiel im Wald, sodass sie Ihr Partner bei einem von Ihnen angeregten Spaziergang zufällig findet ...

♥521♥ Erinnern Sie sich noch an die bunte, leuchtende Farbe, mit der Sie als Kind auf Fensterscheiben gemalt haben und die man hinterher einfach abziehen konnte? Kaufen Sie sich ein Sortiment davon! Schreiben Sie Ihrem Partner eine Liebesbotschaft auf das größte Fenster, das Sie in Ihrer Wohnung haben!

♥522♥ Versuchen Sie gemeinsam, Ihre Lieblingsgedichte aus der Kindheit aufzusagen. Welche waren es? Max und Moritz? Der Erlkönig?

♥523♥ Bauen Sie seine Modelleisenbahn aus Kindheitstagen zusammen wieder auf.

♥524♥ Holen Sie ihre alte Puppenstube vom Speicher.

♥525♥ Schauen Sie mal wieder zusammen »Sandmännchen« vor dem Schlafengehen.

♥526♥ Kaufen Sie sich ein aufblasbares Kinderplanschbecken und stellen Sie es an heißen Tagen im Garten auf. Kühlen Sie sich zu zweit ein wenig ab!

♥527♥ Im Winter können Sie das Planschbecken auch ins Schlafzimmer holen und mit heißem Wasser füllen.

♥528♥ Vergraben Sie den »Schatz« Ihrer Beziehung an einem geheimen Ort: Sammeln Sie einige Dinge, die Ihnen beiden wichtig sind, die eine Rolle für Ihr Kennen- und Liebenlernen gespielt haben. Stecken Sie alles in eine Box und verbuddeln Sie es an einer Stelle, die nur Sie kennen. Suchen Sie das Versteck von Zeit zu Zeit auf, heben Sie den Schatz und erfreuen Sie sich an den versteckten Dingen.

♥529♥ Reiben Sie Ihre Nasenspitzen aneinander, so wie Sie es als Kind mit Ihren Eltern getan haben – und wie es die Eskimos zum liebevollen Gruß tun.

♥530♥ Bleiben Sie am Samstagmorgen im Bett und schauen Sie zusammen das Kinderprogramm.

♥531♥ Besprühen Sie sich an heißen Sommertagen im Garten gegenseitig mit einer Wasserpistole, bis sie völlig durchnässt sind und die Kleider loswerden wollen …

♥532♥ Naschen Sie heimlich zusammen Erdbeeren auf einem Erdbeerfeld oder Kirschen von einem Kirschbaum.

♥533♥ Hängen Sie Ihrer Freundin bei einem Spaziergang »Ohrringe« aus frisch gepflückten Kirschen um.

♥534♥ Kaufen Sie sich ein Seifenblasenset und machen Sie zusammen Seifenblasen. Am schönsten ist es, wenn Sie dazu in die freie Natur gehen, auf die Wiese, in den Wald oder an einen See. Dort schillern die Blasen am schönsten. Fangen Sie sie ein!

♥535♥ Spielen Sie noch einmal verliebte Teenager: Wenn Sie an einem Kaugummiautomaten vorbeikommen, halten Sie an und ziehen Sie Ihrer Freundin einen Ring.

♥536♥ Gehen Sie zusammen in einen Zirkus und finden Sie heraus, ob Sie auch heute noch über die Clowns lachen können.

Überraschung!

♥537♥ Nehmen Sie für einen ganz alltäglichen Moment heimlich eine Flasche Sekt und zwei Gläser mit – im Auto oder in der Tasche. Überraschen Sie Ihre Frau mit einem prickelnden Toast: beim Einkaufen, im Kino, in der U-Bahn …

♥538♥ Versammeln Sie alte Freunde Ihres Partners, die er vielleicht seit vielen Jahren nicht mehr gesehen hat, zu einer gemeinsamen Überraschungsparty für ihn.

♥539♥ Nehmen Sie sich kurzfristig Urlaub, buchen Sie eine Last-Minute-Reise mit Abflug am nächsten Tag und kommen Sie fröhlich lächelnd mit den Tickets nach Hause.

♥540♥ Ist Ihnen das zu überstürzt? Wählen Sie den Welttourismustag am 27. September als Vorwand für die Reise! Der Tag muss schließlich gebührend gefeiert werden …

♥541♥ Überraschen Sie Ihren Freund mit einer Liebesbotschaft zum Frühstück: Stechen Sie oben und unten ein kleines Loch in die Schale eines Hühnereis und blasen Sie das Ei aus. Durch die Löcher können Sie nun kleine Zettel in das Ei schieben – Liebesbriefe, Gutscheine, Konzertkarten …

♥542♥ Haben Sie einen Park in der Nähe? Laden Sie Ihre Freundin zum besonderen Picknick ein! Stellen Sie einen Tisch und zwei Stühle auf, decken Sie mit einer schönen Tischdecke und einem vornehmen Sektfrühstück – und holen Sie Ihren Schatz dazu. Wahrscheinlich müssen Sie mit jemandem zusammenarbeiten, der so lange auf die Sachen aufpasst …

♥543♥ Schreiben Sie »Ich liebe dich« auf einen Gasluftballon und verstecken Sie ihn so im Küchenschrank, dass er Ihrer Frau am Morgen entgegenschwebt.

♥544♥ Wünscht sich Ihre Frau sehnlich ein bestimmtes Kleidungsstück, das sie in einem Schaufenster gesehen hat? Schenken Sie ihr es, aber nicht auf die gewöhnliche Art. Bitten Sie den Verkäufer, ein Schild daneben ins Schaufenster zu stellen, etwa mit der Aufschrift »Für dich, Bea«, und spazieren Sie wie zufällig mit Ihrer Frau daran vorbei.

♥545♥ Verschönern Sie Ihrem Partner die Morgennachrichten im Auto: Sprechen Sie auf eine Kassette Ihre eigene »Nachrichtensendung« auf, etwa mit Meldungen wie: »Köln. Frank und Sara sind das glücklichste Liebespaar der Welt.« Legen Sie die Kassette ins Autoradio Ihres Partners ein, sodass sie startet, wenn Ihr Partner losfährt.

♥546♥ Kaufen Sie chinesische Glückskekse, öffnen Sie sie vorsichtig und schmuggeln Sie Ihre eigene Glücksbotschaft hinein. Servieren Sie sie Ihrem Schatz zum Nachtisch. Oder arbeiten Sie bei einem Besuch im Chinarestaurant mit dem Personal zusammen und sorgen Sie dafür, dass Ihr Partner das von Ihnen präparierte Stück bekommt.

♥547♥ Packen Sie im Winter eine gute Portion Schnee in Ihre Tiefkühltruhe und überraschen Sie Ihre Freundin im Sommer mit einer Schneeballschlacht ...

♥548♥ Schnappen Sie sich heimlich den Zweitschlüssel für den Wagen Ihres Mannes. Suchen Sie sein geparktes Auto, während er arbeitet, und legen Sie ihm einen wunderschönen Strauß roter Rosen auf den Fahrersitz.

♥549♥ Nehmen Sie die Zweitschlüssel zum Wagen Ihrer Freundin und fahren Sie ihn von seinem Parkplatz, während sie arbeitet. Mieten Sie eine Limousine mit abgedunkelten, undurchsichtigen Scheiben und parken Sie das stolze Gefährt an der Stelle, an der vorher das Auto Ihrer Freundin stand. Bringen Sie kalten Sekt mit und empfangen Sie Ihre Freundin nach Feierabend in der Limousine. Stoßen Sie auf die Liebe an – und praktizieren Sie sie gleich an Ort und Stelle ...

♥550♥ Wenn Sie mitbekommen, dass Ihre Freundin sich etwas Bestimmtes kaufen möchte, seien Sie schneller:

Kaufen Sie es ihr heimlich vor der Nase weg und weisen Sie den Geschäftsinhaber an, Ihrer Freundin zu sagen, die Sache sei ausverkauft. Am Abend, wenn sie enttäuscht vom Einkaufen zurückkehrt, ziehen Sie das Geschenk aus dem Ärmel …

♥551♥ Wenn Ihr Partner einen neuen Job anfängt: Kaufen Sie eine Schultüte und füllen Sie sie mit Sachen, die mit der Tätigkeit zusammenhängen. Verstecken Sie die Schultüte an einem Ort, an dem er sie am nächsten Morgen garantiert findet.

♥552♥ Wenn Sie auf der Autobahn unterwegs sind und Ihre Freundin eine »Pinkelpause« einlegen möchte, reagieren Sie nicht schon wieder genervt. Nutzen Sie die Zeit und pflücken Sie ihr blitzschnell einen kleinen Blumenstrauß am Straßenrand. Mit dem sitzen Sie dann im Auto, wenn sie wiederkommt …

♥553♥ Kaufen Sie einen herzförmigen roten Gasluftballon und schreiben Sie in großen Buchstaben »ICH LIEBE DICH« darauf. Knoten Sie ihn an eine lange Schnur und lassen Sie ihn dann vor dem Bürofenster Ihres Freundes aufsteigen. Wetten, dass sein neugieriger Kopf bald dort oben erscheint?

♥554♥ Überraschen Sie Ihre Frau im Badeurlaub mit einem »Perlentauchgang«: Ziehen Sie ihr im Wasser spontan eine Perlenkette über, die Sie ihr schenken möchten.

♥555♥ Haben Sie schon einmal darüber nachgedacht, was Sie alles mit der Post verschicken können? Senden Sie Ihrer Freundin doch einmal einen Wasserball als Urlaubspostkarte! Schreiben Sie den Text mit wasserfestem Stift auf den aufgeblasenen Ball und bringen Sie gut sichtbar ihre Adresse und ausreichend Porto an. Zur Sicherheit sollten Sie den Ball erst in Ihrem Heimatland zur Post geben, sonst kommt er vielleicht erst Jahre später an.

♥556♥ Wenn Sie ins Theater oder in die Oper gehen, behalten Sie die Garderobenmarke Ihrer Frau. Stehlen Sie sich in der Pause kurz davon, holen Sie die Jacke Ihrer Frau und verstecken Sie ein kleines Geschenk oder eine Liebesbotschaft in der Tasche. Lassen Sie die Jacke dann wieder in die Garderobe hängen, als wäre nichts gewesen.

♥557♥ Präparieren Sie die Wohnung gut, wenn Sie mit Ihrem Partner zusammenziehen: Schreiben Sie auf 300 kleine Zettel »Ich liebe dich« und verstecken Sie jeden von ihnen in der neuen Wohnung – sowohl an leicht sichtbaren Stellen als auch an solchen, an denen sie Ihr Partner vielleicht erst zehn Jahre später durch Zufall finden wird.

Für Tierfreunde

♥558♥ Kaufen Sie sich zwei Jahreskarten für den Zoo. Suchen Sie sich Ihr ganz bestimmtes Lieblingstier, etwa einen Pinguin, aus und besuchen Sie es regelmäßig. Beobachten Sie zusammen, wie sich das Tier im Jahreslauf verändert.

♥559♥ »Taufen« Sie ein Pärchen unter den Tieren im Zoo mit Ihren eigenen Namen und übernehmen Sie eine Patenschaft für diese Tiere. Erkundigen Sie sich in der Zooverwaltung danach, wie das funktioniert.

♥560♥ Füttern Sie zusammen Enten an einem Teich in Ihrer Nähe. Besonders schön ist es, wenn Sie die Tiere regelmäßig besuchen und schon von ihnen erwartet werden. Und achten Sie auf die Schwäne: Einer der schönsten Anblicke für Liebespaare ist eine harmonisch umherwatschelnde Schwanenfamilie.

♥561♥ Können Sie reiten? Buchen Sie einen rassigen Reiturlaub am Meeresstrand. Angebote gibt's zum Beispiel bei Pferd & Reiter (Tel. 040 / 6 07 66 90).

♥562♥ »Entführen« Sie das Lieblingsstofftier Ihrer Freundin und schreiben Sie eine anonyme »Lösegeldforderung« aus Zeitungsschnipseln: Verlangen Sie eine Flasche

Champagner und einen kleinen Kuchen. Vereinbaren Sie als Übergabeort einen schönen Picknickplatz im Wald. Denken Sie an das »entführte« Tier.

♥563♥ Lassen Sie Ihren Hund Liebesbote spielen und Ihrem Partner eine romantische Nachricht überbringen!

♥564♥ Schaffen Sie ein Haustier an, mit dem man gemeinsam so richtig kuscheln kann (Katze, Hamster oder Ähnliches).

♥565♥ Stellen Sie ein Vogelhäuschen vor Ihrem Fenster auf und beobachten Sie zusammen, wie die kleinen Piepmätze sich im Winter dort stärken.

♥566♥ Liebt Ihr Partner sein Haustier über alles? Organisieren Sie einen Ausflug zum Tiergottesdienst. Er findet jedes Jahr am vierten Adventssonntag im fränkischen Feucht statt.

♥567♥ Spielen Sie ein Spiel im Wald: Lauschen Sie dem Gesang der Vögel und raten Sie, um welche Art es sich handelt. Üben Sie zu Hause mit einer Lernkassette aus dem Buchhandel.

♥568♥ Stofftiere sind beliebte Geschenke! Kaufen Sie Ihrem Partner sein Lieblingstier in Plüschversion – und zwar gleich in zehn verschiedenen Ausführungen: groß, klein, dick, dünn, jung, alt …

♥569♥ Schenken Sie Ihrer Freundin einen Ausflug zu »Teddy Total«, der größten Teddyausstellung der Welt. Sie findet jedes Jahr im Frühling in Bad Hennef statt. Info unter www.teddybaertotal.de.

♥570♥ Kaufen Sie einen Papagei und bringen Sie ihm bei, »Ich liebe dich« in Ihrer Stimme zu sagen (das lernt ein Papagei sehr, sehr schnell). Schenken Sie das Tier Ihrer Freundin!

♥571♥ Schenken Sie Ihrer Freundin ein Paar »Unzertrennliche« (diese Vogelart gibt's in den meisten Zoogeschäften) als Symbol für Ihre Zusammengehörigkeit.

♥572♥ Wollten Sie schon immer einmal mit Delphinen schwimmen? Die Möglichkeit dazu bietet »Discovery Cove« in Orlando, Florida (www.discoverycove.com).

♥573♥ Möchten Sie Ihrer Frau Schmuck zum Hochzeitstag schenken? Verpacken Sie ihn spannend! Öffnen Sie einen Plüschteddybär an der Naht, nehmen Sie ein wenig Füllung heraus und stecken Sie den Schmuck hinein. Nähen Sie das Loch sauber wieder zu. Verraten Sie nicht gleich, dass es der geschenkte Bär in sich hat …

Für Spontane

♥574♥ Lieben Sie sich zu einer Tageszeit, zu der Sie es noch nie getan haben.

♥575♥ Schicken Sie einen Liebesbrief als Telegramm!

♥576♥ Setzen Sie Ihren Partner ins Auto und fahren Sie mit ihm in einen Wochenendausflug – aber das Ziel kennen nur Sie!

♥577♥ Machen Sie daraus eine professionelle »Entführung«: Verbinden Sie Ihrem Partner auf dem Weg die Augen!

♥578♥ Feiern Sie den ersten Frühlingstag des Jahres, den Tag, an dem zum ersten Mal die Sonne scheint und die Temperaturen auf mindestens 15 Grad klettern: Rufen Sie beide Ihre Chefs an und nehmen Sie sich spontan einen Tag frei! Gehen Sie in den Park und lassen Sie zusammen die Seele baumeln.

♥579♥ Natürlich können Sie auch an »ganz normalen Tagen« beide spontan einen Tag frei nehmen – oder einen halben für ein Frühstück im Bett.

♥580♥ Falls nur Sie berufstätig sind, können Sie daraus sogar eine Überraschung machen: Nehmen Sie sich heimlich einen halben Tag frei. Sagen Sie Ihrem Schatz erst am Morgen, wenn der Wecker klingelt, dass heute noch ein paar Kuschelstunden möglich sind …

♥581♥ Verloben Sie sich spontan, wenn Sie beide in einer schönen Situation das Bedürfnis danach verspüren.

♥582♥ Erfüllen Sie sich SPONTAN einen lang gehegten Wunsch: Gehen Sie in ein bestimmtes Restaurant, kaufen Sie zusammen ein bestimmtes Kleidungsstück, das Ihre Freundin gern hätte. Nehmen Sie sich notfalls dafür einen Nachmittag frei.

♥583♥ Wenn Sie an einem Kinderspielplatz vorbeikommen, rutschen Sie zusammen die Rutsche hinunter!

♥584♥ Wenn Sie zusammen im Auto unterwegs sind, halten Sie einfach einmal an, um Ihrer Freundin zu sagen, wie sehr Sie sie lieben.

♥585♥ Nach einem schönen Abend: Lassen Sie spontan den Wagen stehen, nehmen Sie ein Taxi und kuscheln Sie auf der Rückbank …

♥586♥ Noch besser: Lassen Sie nach dem Kino eine Limousine vom Mietservice kommen!

♥587♥ Machen Sie ein lustiges Passfoto von sich beiden, wenn Sie an einem Automaten vorbeigehen.

♥588♥ Mieten Sie sich an einem schönen Sommertag für ein paar Stunden ein Cabrio und brausen Sie gemeinsam durch die Stadt.

♥589♥ Wenn es an Weihnachten keinen Schnee gibt, kaufen Sie ohne große Überlegung ein Ticket zu einem Ort, an dem Sie weiße Weihnachten feiern können.

♥590♥ Wenn Sie beim Sommerspaziergang an einem See oder einem einsamen Springbrunnen vorbeikommen, springen Sie zu zweit ins kühle Nass.

♥591♥ Holen Sie Ihren Mann am Freitag von der Arbeit ab und entführen Sie Ihn in ein Hotel, in dem Sie ein schönes Doppelzimmer gebucht haben. Vorher nach Hause fahren ist nicht mehr drin!

♥592♥ Machen Sie einen Last-Minute-Urlaub mit wirklichem Nervenkitzel: Packen Sie Ihre Sachen, fahren Sie zum Flughafen und buchen Sie erst dort – wenige Minuten vor dem Abflug – Ihr Reiseziel.

♥593♥ Wenn Ihnen zu Hause eine Schlechtwetterphase aufs Gemüt drückt, schauen Sie am Abend die Wettervorhersage, nehmen Sie sich einen Tag Urlaub und reisen Sie spontan zu einem Ort im Lande, für den Sonnenschein vorausgesagt worden ist. Hoffentlich haben Sie Glück und die Vorhersage stimmte auch.

♥594♥ Haben Sie immer eine Kamera mit Selbstauslöser dabei. Holen Sie sie in den alltäglichsten Situationen hervor und machen Sie unterwegs einen schönen Schnappschuss von sich beiden.

♥595♥ Verabreden Sie sich an heißen Tagen in der Mittagspause zu einem erfrischenden Treff im städtischen Freibad.

Für Schneemänner

♥596♥ Wenn es beim nächsten Mal schneit, freuen Sie sich zur Abwechslung einmal wieder darüber, anstatt nur über die Belästigung zu schimpfen. Machen Sie mit Ihrem Partner einen Spaziergang und erinnern Sie sich gemeinsam daran, wie Sie der Schnee als Kind in Verzückung gesetzt hat.

♥597♥ Setzen Sie sich zu Beginn eines heftigen Schneesturms gemeinsam ins Auto, stellen Sie die Heizung und ein wenig Kuschelmusik an und lassen Sie sich langsam einschneien.

♥598♥ Gehen Sie an einem klirrend kalten Wintertag zusammen in die Sauna. Reiben Sie sich zwischen den Saunagängen draußen gegenseitig mit Schnee ab.

♥599♥ Machen Sie eine Schneeballschlacht! Danach kuscheln Sie sich beide vor den Kamin.

♥600♥ Bauen Sie zusammen einen Schneemann – man braucht dazu nicht erst kleine Kinder.

♥601♥ Machen Sie es sich zusammen am Fenster bequem und betrachten Sie die Eissterne, die sich in der bitteren Kälte an der Scheibe bilden.

♥602♥ Gehen Sie bei einem Schneesturm raus, schauen Sie gemeinsam senkrecht in den Himmel! Zählen Sie die Schneeflocken. Überlegen Sie, ob Sie das Märchen von Frau Holle noch kennen.

♥603♥ Gehen Sie zusammen mit einem großen Zweierschlitten rodeln.

♥604♥ Können Sie sich noch an den Duft gerösteter Kastanien erinnern, wenn es draußen so richtig kalt ist? Essen Sie sie unbedingt noch am Stand und schauen Sie zu, wie der Maronenmann weihnachtliche Stimmung unter die Menschen bringt.

♥605♥ Wenn es richtig viel geschneit hat: Bauen Sie ein echtes Iglu – so groß, dass Sie beide hineinpassen. Halten Sie sich gegenseitig warm!

♥606♥ Machen Sie im Winter ein Picknick mit einer Thermoskanne voll heißem Kakao mit Amaretto.

Für Freizügige

♥607♥ Hat Ihnen Ihr Mann einen Kette oder ein anderes Schmuckstück geschenkt? Bedanken Sie sich bei ihm auf Ihre Art: Begrüßen Sie ihn an der Haustür, wenn er von der Arbeit kommt. »Bekleiden« Sie sich vorher mit dem Schmuckstück – und sonst mit nichts!

♥608♥ Eine Wassermassage ist nicht nur in der eigenen Badewanne schön: Am 22. März ist Weltwassertag der Vereinten Nationen. Gehen Sie in ein Freizeitbad in Ihrer Nähe und verwöhnen Sie sich gegenseitig mit wohltuenden Unterwassermassagen.

Die besten Liebescocktails

Sex on the Beach
Swimmingpool
Golden Heaven
Goombay Smash
Pretty Woman

♥609♥ Schaffen Sie sich zu Hause Ihr ganz privates FKK-Fitnessparadies: Wie wäre es mit täglicher gemeinsamer Leibesertüchtigung – ohne störende Kleidung?

♥610♥ Manche Paare legen einmal in der Woche, vornehmlich am Sonntag, einen Nackttag ein: Sie machen alles im Adams- und Evaskostüm – frühstücken, kochen, fernsehen usw.

♥611♥ Überraschen Sie Ihren Freund mit einem erotischen Foto von sich, das Sie auf Posterformat haben vergrößern lassen. Hängen Sie es ins Schlafzimmer!

♥612♥ Schenken Sie Ihrer Freundin ein ganz besonderes Kunstwerk: ein Aktbildnis von sich selbst. Kunsthochschulen suchen laufend Modelle, zum Beispiel in Berlin (Kunsthochschule Berlin-Weißensee, Tel. 030 / 47 70 52 46), München (Akademie der Bildenden Künste, Tel. 089 / 3 85 20) oder Düsseldorf (Kunstakademie, Tel. 02 11 / 1 39 60).

♥613♥ Oder lassen Sie ein Aktfoto von sich beiden malen! Für viele Paare ist das eine einmalig knisternde Erfahrung!

♥614♥ Bitten Sie einen Freund, für Sie beide Chauffeur zu spielen: Lassen Sie sich vornehm zum Essen fahren, oder machen Sie einfach eine Stadtrundfahrt, bei der Sie beide sich auf der Rückbank so richtig sich selbst überlassen sind …

♥615♥ Überlegen Sie: Haben Sie betuchte Freunde, von denen jemand ein eigenes Hallenschwimmbad im Haus hat? Überreden Sie ihn, Ihnen die Räumlichkeiten für einen Tag zu überlassen. Laden Sie Ihren Partner zu einer privaten Beachparty zu zweit ein: Kaufen Sie leckeres Essen, Champagner und vielleicht einen romantischen Videofilm.

♥616♥ Ein befreundetes Paar erzählte mir, dass es in klaren Sommernächten über den Zaun des städtischen Freibades klettert und ein FKK-Bad in herrlicher Zweisamkeit genießt. Damit macht man sich allerdings strafbar – es sei denn, man holt sich am Tage eine Erlaubnis für die nächtlichen Abenteuer.

♥617♥ Wie wäre es mit einem nackten Fallschirmabsprung. Infos über Nudistensprünge in verschiedenen Gegenden der Welt gibt es auf dcr »Official Naked Skydiving Site« unter www.funinbc.com/skydive/skydive.htm.

Vor aller Welt

♥618♥ Schreiben Sie auf den Umschlag für Ihren Liebesbrief den Kosenamen und die Adresse Ihres Lieblings und schicken Sie ihn so mit der Post.

♥619♥ Kaufen Sie sich zusammen Kleidung im Partnerlook und gehen Sie damit aus.

♥620♥ Eine Zeitungsanzeige zur Silberhochzeit ist nichts Besonderes. Grüßen Sie Ihren Schatz doch einmal über seine Tageszeitung ohne jeden besonderen Anlass – einfach nur mit einem Text wie »Einen wunderschönen guten Morgen, meine süße Maus. Ich liebe dich. Dein Lars«.

♥621♥ Flüstern in Gesellschaft ist unhöflich – tun Sie es trotzdem. Sagen Sie Ihrem Schatz Liebesbotschaften ins Ohr, die nur er hören soll. Warten Sie nicht bis zu Hause!

♥622♥ Sie können sich aber auch über Morsezeichen verständigen: ILD (als Abkürzung für »ich liebe dich«) hat den Code: .. (I) .-.. (L) -.. (D). Jeder Ton ist ein heimlicher Händedruck.

♥623♥ Auch bei Schmuddelwetter können Sie zeigen, dass Sie zusammengehören: Kaufen Sie zwei weiße Regenschirme und bemalen Sie sie in wasserfester Farbe im Partnerlook.

♥624♥ Viele Firmen und Geschäfte bieten Partnertarife (Kreditkartenunternehmen, Airlines, Fitnessstudios usw.). Melden Sie sich für das Programm an! Sie zeigen, dass Sie zusammengehören, und sparen auch noch Geld dabei.

♥625♥ Lassen Sie Visitenkarten drucken, welche die Namen von Ihnen BEIDEN tragen.

♥626♥ Bringen Sie einen Straßenmaler dazu, ein persönliches Bild für Sie beide auf den Asphalt zu malen.

♥627♥ Wann haben Sie in der Öffentlichkeit zuletzt Händchen gehalten? Zeit, es mal wieder zu tun …

♥628♥ Überreden Sie den Abteilungsleiter eines Kaufhauses, eine Liebesdurchsage für Ihre Freundin zu machen, wenn diese gerade dort einkauft, etwa so: »Markus liebt Veronika über alles.«

♥629♥ Haben Sie Ihrer Freundin schon mal einen Maibaum gesetzt? Dann tun Sie es doch einmal!

♥630♥ Wenn Sie zusammen auf einer Party sind, wünschen Sie sich ein Liebeslied für Ihre Freundin beim DJ – mit einer Ankündigung, damit alle wissen, für wen der Song gespielt wird.

♥631♥ Bestellen Sie im Copyshop einen großen Aufkleber für das Auto Ihres Freundes. Text etwa: »Hier fährt der süßeste Freund der Welt.«

♥632♥ Feiern Sie den Hochzeitstag einmal anders: Mieten Sie eine Kutsche samt Pferden und Kutscher und lassen Sie sich durch die Stadt chauffieren!

♥633♥ »Teilen« Sie unterwegs einen Walkman – jeder benutzt einen der beiden Ohrhörer. Legen Sie romantische Musik ein.

♥634♥ Rufen Sie bei einer Liveradiosendung an, die Ihr Freund zu hören pflegt, und übermitteln Sie ihm Liebesgrüße. Wenn »Wunschmusik« angesagt ist, lassen Sie seinen Lieblingssong spielen oder »Ihr« gemeinsames Lied.

♥635♥ Besorgen Sie sich ein Megaphon und erklären Sie Ihrer Freundin Ihre Liebe von der Straße aus …

♥636♥ Bestellen Sie einen Cocktail mit zwei Strohhalmen – und trinken Sie zusammen.

♥637♥ Hängen Sie sich ein Schild in Herzform an die Tür, das Ihre beiden Namen in der Mitte trägt. Ein solches Schild können Sie aus Holz, Ton, Salzteig oder Ähnlichem selbst machen. Überraschen Sie Ihren Partner damit, wenn er nach Hause kommt.

♥638♥ Nicht nur für Teenager: Machen Sie Ihrer Freundin mal wieder einen Knutschfleck, und zwar an einer bemerkenswert gut sichtbaren Stelle.

♥639♥ Benutzen Sie beide den gleichen Duft! In der Parfümerie gibt es viele Unisex-Düfte, die von Männern und Frauen gleichermaßen getragen werden können.

Für Sinnliche

♥640♥ Feiern Sie den Tag der Ruhe am 12. April: Unternehmen Sie einen gemeinsamen Waldspaziergang, ohne dabei ein Wort zu sagen. Achten Sie auf die natürlichen Geräusche um sich herum: Ihre eigenen Tritte im weichen Lehmboden, das Rascheln kleiner Tiere im Laub, den Flügelschlag der Vögel am Himmel über Ihnen. Kommunizieren Sie mit Ihrem Partner über Blicke und genießen Sie die Stille der Schöpfung.

♥641♥ Vereinbaren Sie, jeden Tag zu einer ganz bestimmten Uhrzeit aneinander zu denken – wo auch immer auf der Welt Sie beide sich gerade befinden.

♥642♥ Stellen Sie sich jeweils einen Wecker auf den Schreibtisch und lassen Sie ihn beide jeden Tag zu der vereinbarten Minute klingeln.

♥643♥ Wissenschaftler der Universität Chicago haben herausgefunden: Der Geruch eines Menschen ist maßgeblich dafür verantwortlich, wie attraktiv sein Partner ihn gerade findet. Der Studie zufolge haben Frauen eine Schwäche für sanften Babypudergeruch, genauso für den Duft von Lakritze und Rosmarin. Probieren Sie's aus!

♥644♥ Männer werden schwach, wenn Sie Erdbeer- oder Colaaroma in der Nase spüren. Experimentieren Sie mit verschiedenen Gerüchen!

♥645♥ Auf Jahrmärkten kann man sich manchmal seinen Namen auf ein Reiskorn eingravieren lassen. Dies ist an sich schon erstaunlich, denn Reiskörner sind nun einmal sehr winzig. Setzen Sie noch eins drauf: Lassen Sie Ihren Namen UND den Ihres Partners auf ein gemeinsames Korn eingravieren! Ein derart verziertes Reiskorn ist ein schönes Symbol dafür, wie eng Sie beide zusammengehören.

♥646♥ Verschenken Sie einen Sonnenaufgang – verpackt als Frühstückspicknick im Wald, am Strand, auf dem Flachdach …

♥647♥ Wollen Sie sich einen Tag lang wirklich nahe sein? Binden Sie sich mit einem weichen Seidentuch aneinander! Wählen Sie zweckmäßigerweise einen Tag, an dem keiner von Ihnen zur Arbeit muss …

♥648♥ Tauschen Sie einmal Kleidungsstücke aus, die Sie beide tragen können, zum Beispiel einen Pullover oder eine Jacke! Auch wenn die Sachen gewaschen sind, so haftet ihnen doch noch ein bisschen von dem ganz persönlichen Geruch ihres Besitzers an. Genießen Sie die persönliche Note Ihres Partners den ganzen Tag und »präparieren« Sie seine Kleidung gleichzeitig mit Ihrem eigenen, wiederum ganz persönlichen Duft, während Sie sie tragen.

♥649♥ Wollen Sie Ihrer Frau Parfum schenken? Einfallslos genug ... Ersetzen Sie doch wenigstens das Etikett des Flakons mit einem persönlichen Label, etwa »Der Duft für Stefans und Heikes erotische Momente«.

♥650♥ Streuen Sie das frisch bezogene Bett mit Lavendelblüten aus!

♥651♥ Tun Sie etwas für Ihr gemeinsames Glück: Gehen Sie in den Wald und suchen Sie nach einem vierblättrigen Kleeblatt – wer es zuerst findet, hat gewonnen!

♥652♥ In der Großstadt können Sie auch zusammen nach einem Glückspfennig in der Fußgängerzone suchen!

♥653♥ Basteln Sie aus Holz oder Pappe einen Schlüssel und schenken Sie ihn Ihrem Schatz – als Schlüssel zu Ihrem Herzen. Oder kaufen Sie einen aus Gold oder Silber beim Juwelier – er ist dann gleichzeitig ein Schmuckstück.

♥654♥ Verloben Sie sich auf die symbolische Art: Küssen Sie sich unter einem Mistelzweig (gibt's im Blumengeschäft). Ein solcher Kuss gilt seit jeher als Heiratsversprechen.

♥655♥ Schicken Sie Ihrem Partner ab und zu eine Karte mit der Aufschrift »Danke, dass es dich gibt«.

♥656♥ Sind Ihre Schmetterlinge im Bauch über die Jahre verflogen? Holen Sie sie neu herbei, indem Sie Ihrem Partner eine Klangmassage verabreichen! Bei dieser Massage wird eine spezielle Klangschale auf den Körper gelegt, deren Schwingungen ein Wohlgefühl bis in die Fingerspitzen erzeugen. Eine erste Anleitung finden Sie etwa in dem Buch »Klangschalen für Gesundheit und innere Harmonie« von Peter Hess.

♥657♥ Der Pelikan ist das Symbol für bedingungslose Liebe: Wenn er für seine Jungvögel nichts mehr zu essen findet, dann verfüttert er ihnen sein eigenes Fleisch. Sie müssen nicht gleich den Kannibalismus in Ihrer Beziehung einführen. Sie können aber mit einem Bildnis des Pelikans zeigen, wie sehr Sie Ihren Partner lieben. Achten Sie auf schöne Pelikandarstellungen, die Sie ihm schenken können.

♥658♥ Sagen Sie sich jeden Abend vor dem Schlafengehen gegenseitig drei Dinge, die Sie an Ihrem Partner ganz besonders mögen.

Für Nachteulen

♥659♥ Viele Bastelgeschäfte führen Kreide, die im Dunkeln leuchtet. Malen Sie damit ein großes Herz auf die Straße vor dem Fenster Ihrer Freundin – und warten Sie auf ihre Reaktion, sobald es dunkel wird …

♥660♥ Machen Sie gemeinsam eine Nachtwanderung mit dickem Wollpullover, Taschenlampe und einer Flasche Rotwein. Ergründen Sie mit dem guten Tropfen in der Hand den Sternenhimmel.

♥661♥ Gehen Sie nach Einbruch der Dunkelheit zusammen auf die Suche nach Glühwürmchen. Versuchen Sie die Tiere nicht zu fangen, sondern erfreuen Sie sich nur an ihrem warmen Licht.

♥662♥ Kaufen Sie sich ein Fernrohr und eine Himmelskarte. Beobachten Sie zusammen die Sterne. Fühlen Sie die faszinierende Einheit und Geborgenheit Ihrer Beziehung in der unendlichen Weite des Weltalls.

♥663♥ Wollten Sie schon immer unter dem Sternenhimmel einschlafen? Legen Sie einen Diafilm in Ihrem Fotoapparat, fotografieren Sie das Sternenbild in einer klaren Nacht. Richten Sie einen Diaprojektor auf Ihre Schlafzimmerdecke und schalten Sie ein.

♥664♥ Zünden Sie im dunklen Schlafzimmer eine Wunderkerze an und lassen Sie sich von ihrem Funkeln verzaubern.

♥665♥ Betrachten Sie zusammen das »Gesicht« des Mondes! Schaut er lieb oder böse?

♥666♥ Sind Sie bei einem großen Arbeitgeber beschäftigt, in einem großen Hochhaus? Dann wissen Sie, dass man bei Dunkelheit schöne Figuren durch gezielte Beleuchtung verschiedener Räume ins Leben rufen kann. Versuchen Sie, abends ein Herz erstrahlen zu lassen! Dieses Vorhaben ist nicht ganz einfach, aber Ihre Frau wird den Erfolg umso mehr zu schätzen wissen.

♥667♥ Viele Menschen denken bei Romantik an Sonnenuntergänge. Wussten Sie, dass SonnenAUFGÄNGE mindestens genauso romantisch sein können? Feiern Sie einmal zusammen an einem schönen Ort einen Sonnenaufgang! Vielleicht können Sie danach ein Frühstückspicknick machen.

♥668♥ Es braucht auch nicht immer die Sonne zu sein. Erleben Sie doch einmal zusammen einen Mondaufgang! Die Zeiten können Sie einem Kalender entnehmen.

♥669♥ Das Restaurant »Unsicht-Bar« in Köln (Im Stavenhof 5–7, Tel. 0221/2005910, http://www.unsicht-bar.de) bietet Menüs in völliger Dunkelheit an. Wenn das Auge nicht mitisst, ist die sinnliche Wahrnehmung des Geschmacks umso stärker. Gehen Sie hin und füttern Sie sich gegenseitig! Eine prickelnde Erfahrung für jedes Liebespaar ...

♥670♥ Ein Essen im Dunkeln gibt's auch im »Abendmahl Berlin« (Muskauer Straße 9, 10997 Berlin, Tel. 030/6125170, www.abendmahl-berlin.de).

♥671♥ Natürlich können Sie diesen Spaß auch zu Hause haben. Sie müssen nur das Zimmer abdunkeln. Legen Sie vorher alles bereit. Einigen Sie sich dabei entweder auf ein Menü, oder überraschen Sie den anderen jeweils mit einer Eigenkreation.

♥672♥ Animieren Sie im Dunkeln auch die anderen Sinne: Das Kochbuch »Romantische Menüs für Verliebte« von Anton Edelmann enthält die passende musikalische Begleitung zu den Rezepten – auf einer beigefügten CD.

♥673♥ Wenn Sie Badeurlaub machen, feiern Sie einmal die Nächte nicht in der Hoteldisco durch. Gehen Sie in einer Vollmondnacht an den Strand und baden Sie – nur zu zweit, ohne eine andere Menschenseele weit und breit.

♥674♥ Bleiben Sie öfter lange wach? Führen Sie ein Mitternachtsritual ein, mit dem Sie gemeinsam jeden neuen Tag begrüßen. Dies kann ein Kuss sein oder eine Wunderkerze, die Sie gemeinsam anzünden, oder ein bestimmter Song, den Sie spielen …

Für TV-Junkies

♥675♥ Ist Ihr Partner Loriot-Fan? Schenken Sie ihm ein Jodeldiplom! Kontakt für Jodelkurse: Josef Ecker, Kapellenweg 11, 83346 Bergen, Tel. 0 86 62 / 41 95 29. Sie wissen ja: Da hat man was Eigenes …

♥676♥ Zeichnen Sie ungefragt die Lieblingssendung Ihrer Frau im Fernsehen auf, wenn sie einmal nicht rechtzeitig nach Hause kommt.

♥677♥ Besorgen Sie Ihrem Freund ein Ticket für seine Lieblingsfernsehshow – egal, wo die Sendung produziert wird.

♥678♥ Verpasst Ihr Partner keine Sendung von Stefan Raab? Melden Sie ihn an beim Stefan Raab Fanclub »FC-Rabe« (http://www.fc-rabe.de).

♥679♥ Schwärmt SIE etwa für Kai Pflaume? Kai Pflaume Fanclub, http://kpflaume.sat1.de/fanclub.php.

♥680♥ Gönnen Sie sich am Welttag des Fernsehens (21. November) mal wieder einen richtig gemütlichen gemeinsamen Fernsehabend – mit einem Programm, das Ihnen beiden gefällt.

♥681♥ Wenn Sie sehr an Ihrem Fernseher hängen, können Sie Ihrer Frau einen wirklichen Liebesdienst erweisen: Schalten Sie den Fernseher einfach einmal aus, wenn Ihre Frau mit Ihnen reden möchte! Sie wird es umso mehr zu schätzen wissen, je mehr Ihnen an der gerade laufenden Sendung gelegen hat.

♥682♥ Halten Sie Ihren Mann einen Abend lang vom Fernsehen ab! Schreiben Sie eine Gebrauchsanweisung, die sich auf Sie selbst und Ihren Körper bezieht (z. B. »Einschalten mit einem sanften Kuss auf die Stirn. Programmwechsel durch Schultermassage links und rechts …«). Ziehen Sie den Stecker des Fernsehgerätes aus der Dose und legen Sie Ihre selbst verfasste Gebrauchsanweisung auf das Gerät. Warten Sie im Schlafzimmer darauf, »angemacht« zu werden …

♥683♥ Machen Sie eine Kreuzfahrt mit dem Fernsehtraumschiff, der MS Deutschland. Infos und Buchungen bei Peter Deilmann Reederei GmbH & Co., Am Holm 25, 23730 Neustadt in Holstein, Tel. 04561/396-0, www.deilmann.de).

♥684♥ Lassen Sie sich zusammen in eine Datenbank für Filmkomparsen aufnehmen. Manchmal werden Liebespaare gesucht, die bei Film- und Fernsehproduktionen im Hintergrund »turteln«. Damit haben Sie einen schönen Beweis Ihrer Liebe für immer »im Kasten«.

♥685♥ Es gibt jeden Tag viele, viele Talkshowthemen im Fernsehen. Einige davon bieten Ihnen Gelegenheit, Ihre Liebe zu Ihrem Partner vor aller Öffentlichkeit auszudrücken (Themen wie »Ich habe Mr. Perfect gefunden«, »Meine Frau ist die Beste«, »Mit dir will ich alt werden« usw.). Bewerben Sie sich doch einfach mal, wenn Sie einen entsprechenden Aufruf sehen!

Für Intellektuelle

♥686♥ Verschlüsseln Sie eine Liebesbotschaft mit Hilfe eines Buches, das Ihr Partner gern liest (vielleicht nehmen Sie das Buch, das gerade auf seinem Nachttisch liegt): Suchen Sie die Worte, die Sie für die Botschaft brauchen, auf verschiedenen Seiten des Buches zusammen und schreiben Sie mit Bleistift eine kleine Zahl an jedes Wort. Ihr Partner muss nun nur noch die Worte in der richtigen Reihenfolge – immer den Zahlen folgend – zusammensetzen.

♥687♥ Halten Sie Ausschau nach Zeitungsartikeln über Themen, für die sich Ihre Frau interessiert. Schneiden Sie die Berichte für sie aus.

♥688♥ Es sind die außergewöhnlichen Umstände, die ein alltägliches Ereignis zu einem besonderen machen: In Köln findet jährlich im November eine »Lange Nacht der Kölner Museen« statt. Zwischen 19 und 3 Uhr werden die Besucher dann mit Shuttle-Bussen durch die zahlreichen örtlichen Museen gefahren. Viele Paare zehren noch lange von diesem etwas anderen Erlebnis. Info: www.museumsnacht-koeln.de.
Auch andere Städte planen nun ein solches Event. Erkundigen Sie sich!

♥689♥ Wenn Sie Ihrer Frau einen Gutschein schenken wollen, ist das nicht besonders einfallsreich. Gestalten Sie wenigstens den Gutschein selbst interessant: Formulieren Sie ihn als Rätsel. Wählen Sie einen Rätseltyp, den Ihre Frau gerne mag (zum Beispiel Kreuzwort- oder Bilderrätsel). Oder machen Sie daraus ein Buchstabenrätsel: Schreiben Sie jeden Buchstaben des Wortes auf einen kleinen Zettel und lassen Sie den Beschenkten die richtige Reihenfolge finden.

♥690♥ Setzen Sie noch eins drauf: Kaufen Sie Anzeigenfläche in Ihrer Lokalzeitung und veröffentlichen Sie das selbst entworfene Rätsel.

♥691♥ Am 23. April ist Welttag des Buches. In Katalonien schenken sich Liebespaare an diesem Tag gegenseitig ein schönes Buch – und eine rote Rose. Führen Sie diesen Brauch doch auch bei sich ein und gönnen Sie sich mal wieder einen richtig kuscheligen gemeinsamen Leseabend auf der Couch!

♥692♥ Schenken Sie Ihrem Partner einen persönlichen Zitatekalender: Nehmen Sie einen normalen Kalender und suchen Sie für jeden Tag bzw. für jede Woche aus einem dicken Zitatenschatz einen schönen Satz aus, der zu Ihrer Beziehung passt. Schreiben Sie die Sätze in den Kalender.

♥693♥ Überraschen Sie Ihren Partner mit dem wohl romantischsten Theaterstück der Weltliteratur: Romeo und Julia – aber in Ihrem Dialekt! Der Belchen Verlag hat Ausgaben auf Sächsisch, Plattdeutsch, Bayerisch, Kölsch, Hessisch, Schwäbisch und Ruhrpott in den Handel gebracht.

♥694♥ Schenken Sie Ihrer Freundin ein Lesezeichen, das Sie aus einem Foto von Ihnen ausgeschnitten haben.

♥695♥ Einer Umfrage zufolge finden es 20 Prozent der Frauen romantisch, wenn ihr Mann ihnen einfach einmal gut zuhört. So einfach ist die Liebe manchmal.

♥696♥ »Liebe ist, wenn sie dir die Krümel aus dem Bett macht«, sagte einst Kurt Tucholsky. Machen Sie eine Liste mit zehn Dingen, die Liebe für Sie bedeutet. Legen Sie Ihrem Schatz den Zettel aufs Kopfkissen.

♥697♥ Hochzeitspaare sollen sich vor der kirchlichen Trauung einen biblischen Trauspruch aussuchen. Aber auch wenn Sie unverheiratet sind, können Sie einen schönen Spruch auswählen, den Sie zum Motto Ihrer Zweisamkeit machen. Gute Fundstellen ist die Bibel oder ein Zitatenlexikon unter dem Stichwort »Liebe«. Eine Internetdatenbank bietet etwa www.trauspruch.de an.

♥698♥ Lesen Sie abends gemeinsam mit einer Taschenlampe unter der Bettdecke.

♥699♥ Ein ernsthaftes niveauvolles Gespräch wird von den meisten Paaren als sehr romantisch empfunden – wahrscheinlich, weil es nicht allzu oft zu finden ist. Unterhalten Sie sich über ein Thema, über das Sie noch nie zusammen gesprochen haben – keines, das Ihre Beziehung betrifft, einfach ein Kapitel aus »Gott und die Welt«. Selbst Paare, die schon goldene Hochzeit gefeiert haben, finden noch genug davon.

♥700♥ Kaufen Sie sich das gleiche Buch zweimal und widmen Sie sich abends derselben Bettlektüre. Sprechen Sie über den Inhalt des Buches.

♥701♥ Schreiben Sie für Ihren Schatz eine nette Liebesbotschaft auf ein Blatt Papier. Gehen Sie dann zu Ihrem Lieblingsitaliener oder -asiaten und lassen Sie den Text von ihm in seine Muttersprache übersetzen. Schenken Sie Ihrem Partner die übersetzte Version – verbunden zu einer Einladung zum Essen, damit er sich den Inhalt beim Kellner rückübersetzen lassen kann.

♥702♥ Lesen Sie am Wochenende zusammen ausführlich die Zeitung und diskutieren Sie über aktuelle Themen. Wie denken Sie und Ihr Partner über das, was gerade in der Welt geschieht?

Für Träumer

♥703♥ Schließen Sie gemeinsam einen Bausparvertrag ab. Zeichnen Sie einen Plan von Ihrem Traumhaus.

♥704♥ Basteln Sie sich Ihren eigenen Sternenhimmel über dem Bett: Hängen Sie die Zimmerdecke mit blauem Stoff ab und bringen Sie dahinter eine kleine Lichterkette an.

♥705♥ Oder bestehen Sie auf einer detailgetreuen Nachbildung des Sternenhimmels? Der Fachmann Jim Vann ist spezialisiert auf den 1:1-Nachbau des Nachthimmels mit Glasfasern – allein für die Milchstraße verwendet er etwa 100 000 Lichtpunkte! Für Preise von 30 000 bis 5 000 000 US-Dollar können Sie seine Dienste über »Die Ideenfabrik« in Anspruch nehmen: Die Ideenfabrik & Anything On Earth, Hexenkoppel 20, 25436 Tornesch, Tel. 041 22/96 13 12, www.anythingonearth.de.

Die fünf bewegendsten Liebesgeschichten

Romeo und Julia (W. Shakespeare)
Kabale und Liebe (F. Schiller)
Ein Sommernachtstraum (W. Shakespeare)
Leonce und Lena (G. Büchner)
Frühlings Erwachen (F. Wedekind)

♥706♥ Feiern Sie Silvester nur zu zweit! Verzichten Sie auf eine große Party. Suchen Sie stattdessen einen Ort auf, an dem Sie ungestört sind, aber das Feuerwerk am Himmel sehen können. Malen Sie sich zusammen bei einem Glas Champagner aus, welche Träume Sie für das kommende Jahr haben. Nehmen Sie Ihre Unterhaltung mit einem tragbaren Kassettenrekorder auf. Treffen Sie sich ein Jahr später zur selben Zeit am selben Ort und hören Sie sich das Band gemeinsam an. Welche Träume sind wahr geworden, welche träumen Sie noch immer?

♥707♥ Gießen Sie zusammen Blei und interpretieren Sie die Figuren. Das muss nicht nur an Silvester sein; wenn Sie sich einen Vorrat an Gussblei angelegt haben, können Sie dieses schöne Spiel auch während des Jahres spielen.

♥708♥ Besuchen Sie den bekannten »Dornröschengarten« im Schloss Sababurg (Tel. 0 56 71 / 8 08-0, Fax 0 56 71 / 8 08-2 00, www.der-burggarten.de).

♥709♥ Träumen Sie schon lange von einer ausgedehnten gemeinsamen Weltreise? Trauen Sie sich! Hilfe bietet das Buch »Aussteigen auf Zeit. Das Sabbatical-Handbuch« von Anke Richter.

♥710♥ Legen Sie sich in einer klaren Sommernacht zusammen auf eine Wiese und schauen Sie in den Himmel. Versuchen Sie, neue Sternbilder zu »entdecken«: den

»Kleinen Elefanten«, das »Doppelte Herz« usw. Welche Bilder fallen Ihnen ein? Je länger Sie in den Himmel schauen, desto mehr werden Sie erkennen.

♥711♥ Lassen Sie sich von einer Wahrsagerin die Karten legen – für Ihre GEMEINSAME Zukunft.

♥712♥ Sprechen Sie mit Ihrem Partner über Ihre innersten persönlichen Wunschträume, die Sie noch nie jemandem offenbart haben.

♥713♥ Es gibt Zeiten, da häufen sich Sternschnuppen. Man kann diese Zeiten mit Hilfe eines meteorologischen Kalenders in Erfahrung bringen. Halten Sie Ausschau nach den Naturereignissen. Wünschen Sie sich gemeinsam etwas, wenn Sie eine Sternschnuppe sehen. Aber Sie wissen ja: Den Wunsch darf man nicht verraten!

♥714♥ Machen Sie das romantischste Foto aller Zeiten von sich beiden: Dazu müssen Sie eine freie Lichtung (oder besser noch: den Strand im Badeurlaub) aufsuchen, eine Kamera und einen Fotografen mitbringen. Warten Sie bis zum Sonnenuntergang und strecken Sie beide Ihre Hände so aus, dass Sie die rote Sonne damit »einfangen« – aus der Sicht des Fotografen, der in diesem Moment den Auslöser betätigt. Aber beeilen Sie sich – steht die Sonne einmal tief, ist sie auch schnell ganz verschwunden.

♥715♥ Besorgen Sie sich zwei Gasluftballons und schreiben Sie auf den einen Ihren eigenen Namen, auf den anderen den Ihres Partners. Binden Sie die Ballons zusammen und lassen Sie sich gemeinsam in den Himmel aufsteigen. Schauen Sie Ihnen nach, bis Sie sie nicht mehr sehen können.

♥716♥ Werfen Sie zusammen eine Münze in einen Brunnen und wünschen Sie sich etwas.

♥717♥ Besuchen Sie gemeinsam eine Zaubershow und lassen Sie sich ins Reich der Magie entführen. Melden Sie sich freiwillig, wenn der Zauberer ein Paar sucht, das bei seinen Tricks auf der Bühne mitwirkt.

♥718♥ Gehen Sie am Samstagmorgen zusammen in die belebte Stadt, nur um den Straßenkünstlern zuzuschauen – und ohne ein einziges Geschäft zu betreten.

♥719♥ Möchten Sie dem Alltag mit seinem Lärm entfliehen? Suchen Sie den stillsten Ort in Ihrem Umkreis auf. Nehmen Sie eine Flasche Champagner mit, gießen Sie sich ein Gläschen ein und spitzen Sie die Ohren. Wenn Sie das Prickeln im Glas hören können, dann erleben Sie gerade einen der schönsten Momente der Zweisamkeit – an einem wahrhaft paradiesisch stillen Ort. Wenn nicht – suchen Sie weiter.

♥720♥ Lösen Sie gemeinsam Preisrätsel, bei denen man eine Reise für zwei Personen gewinnen kann.

♥721♥ Kennen Sie einen Traumfänger? Er fängt nach indianischem Glauben Träume ein, hält die schlechten davon zurück und lässt nur die guten zum Schlafenden durch. Schenken Sie Ihrem Schatz einen Traumfänger für süße Träume! Gibt's zum Beispiel beim Onlineversand www.hadiho.com, Tel. 0 21 71 / 39 78 35.

♥722♥ Pflanzen Sie sich in Ihrem Garten Ihre eigene Märchenlandschaft – mit vielen Rosen, Felsen, Märchenfiguren …

♥723♥ Pusten Sie zusammen eine Wimper in die Luft, die Ihnen oder Ihrem Partner ausgefallen ist – und wünschen Sie sich dabei etwas Schönes.

Nur zu zweit

♥724♥ Im italienischen Ort Vaccone befindet sich das kleinste Restaurant der Welt: »Solo per Due«. Es besitzt nur einen einzigen Tisch für zwei Personen. Reservieren Sie diesen Tisch unter 00 39 / 746 / 67 68 73.

♥725♥ Ungestört sind Sie auch in »Cölln's Austernstuben« in Hamburg (Brodschrangen 1–5, Tel. 040 / 32 60 59): Hier speisen Sie in Séparées …

♥726♥ Natürlich können Sie auch in jedem anderen Restaurant nur zu zweit sein: Überreden Sie den Inhaber einfach, es an einem Abend nur für Sie und Ihren Schatz zu öffnen. Wahrscheinlich werden Sie ihm dafür eine kleine Entschädigung für den Umsatzausfall zahlen müssen …

♥727♥ Gehen Sie immer gemeinsam in die Umkleidekabine, wenn einer von Ihnen Kleidungsstücke anprobiert.

♥728♥ Springen Sie morgens nur zusammen unter die Dusche!

♥729♥ Suchen Sie sich ein »Liebesnest« in der freien Natur – wie frisch Verliebte! Es kann eine verlassene Holzhütte sein oder ein einsames Baumhaus … Verabreden Sie sich oft dort!

♥730♥ Legen Sie sich eine persönliche Liebestätowierung an einer verdeckten Körperstelle zu. Benutzen Sie beide das gleiche Motiv.

♥731♥ Erfinden Sie eigene Bezeichnungen für bestimmte Situationen in Ihrer Beziehung, Ausdrücke, die es nur in Ihrem Wortschatz gibt. Ich kenne zum Beispiel jemanden, der immer leise Selbstgespräche führt, seine Freundin nennt das »Kruschpeln«.

♥732♥ Stehen Sie an einem Sonntag extra früh auf und schlendern Sie durch die Stadt. Sie werden staunen, wie leer die Straßen am frühen Sonntagmorgen sind und wie Ihnen alles allein »gehört«. Setzen Sie sich später in ein schönes Café und beobachten Sie, wie der Rest der Menschheit langsam erwacht.

♥733♥ Lassen Sie bei einem Straßenkünstler einen Scherenschnitt anfertigen – von sich beiden.

♥734♥ Teilen Sie unterwegs ein Kaugummi – jeder bekommt eine Hälfte.

♥735♥ Feiern Sie Valentinstag wie in den USA! Der 14. Februar ist für Paare dort ein regelrechter Feiertag. Das Wichtigste sind die Blumen: Man schenkt sich aber keine Rosen, sondern Nelken – eine rote Nelke steht dabei für

Verliebte. Auch sonst überlegt sich jeder für den anderen Überraschungen und nette Dinge, die man gemeinsam tun kann. Warum machen Sie es sich nicht zur Gewohnheit, diesen Tag gemeinsam frei zu nehmen – als Ihren ganz persönlichen Liebestag!

♥736♥ Nutzen Sie eine Aufzugfahrt zu zweit für einen langen leidenschaftlichen Kuss.

♥737♥ Kaufen Sie für den Badeurlaub eine Luftmatratze für zwei und lassen Sie sich gemeinsam auf den Wellen des Meeres treiben.

♥738♥ Wenn Sie mit dem Zug unterwegs sind, suchen Sie ein leeres Abteil, nehmen Sie es in Beschlag und ziehen Sie die Vorhänge zu. Küssen Sie sich während der Dauer der gesamten Fahrt – ohne abzusetzen! Sie wissen ja: Der längste Kuss dauerte mehr als 30 Stunden. Länger werden Sie vermutlich nicht unterwegs sein ... Legen Sie vorher Ihre Fahrkarten auf den Tisch, damit Sie auch der Kontrolleur nicht aus der Ruhe bringen wird.

♥739♥ Träumen Sie davon, zu zweit auf einer einsamen Insel zu sein? Das Parkhotel Hitzacker in Niedersachsen bietet Ihnen etwas Ähnliches: Es bringt Sie für ein »Wochenende auf Liebesprobe« am Morgen mit Zelt und Picknickkorb in eine wildromantische Bucht und überlässt Sie ganz sich selbst. Abends werden Sie wieder abgeholt, dann warten ein Candle-Light-Dinner und eine Massage auf Sie. Kontakt: Parkhotel Hitzacker, Am Kurpark 3, 29456 Hitzacker, Tel. 0 58 62 / 97 70, www.parkhotel-hitzacker.de.

♥740♥ In vielen Großstädten gibt es ein so genanntes Rikscha-Taxi. Es handelt sich dabei um einen kleinen Wagen, in dem Sie zu zweit sitzen können und der von einem Fahrradfahrer gezogen wird. Machen Sie damit eine Stadtrundfahrt! Achten Sie auf Sonderfahrten – in Köln zum Beispiel bietet Perpedalo (www.perpedalo.de) speziell für Romantiker Ausflüge mit Champagnerpicknick im Grünen an.

♥741♥ Wenn Sie Badeurlaub machen, schwimmen Sie zusammen ein wenig hinaus ins Meer, sodass niemand mehr sieht, was Sie unter Wasser so machen. Und dann machen Sie dort etwas!

♥742♥ Haben Sie auf Ihrem Haus oder dem Haus eines Freundes Zugang zu einem Flachdach? Dann organisieren Sie ein Picknick oder ein romantisches Sektfrühstück mit Ihrem Partner über den Häusern der Stadt.

Für Wissbegierige

♥743♥ Lernen Sie die Kunst des Handlesens. Lesen Sie sich gegenseitig aus der Hand. Erfinden Sie eine eigene Deutung der Handlinien Ihres Partners.

♥744♥ Anregende Lektüre für den Abend: »Lexikon der Lustmittel« von Sab Schönmayr und Martin Kessel.

♥745♥ Entdecken Sie gemeinsam Ihre Umgebung neu! Der Arbeitskreis Neue Städtetouren (ANS) bietet Themenführungen, bei denen aufgeschlossene Paare ihren Wohnort garantiert mit anderen Augen kennen lernen. Den Service gibt es bislang in den Städten Aachen, Berlin, Bern, Bonn, Dresden, Duisburg, Freiburg, Hamburg, Hannover, Mainz, München, Münster, Nürnberg und Weimar. Informationen unter Tel. 040 / 4 30 34 81 und www.stattreisen.de.

♥746♥ Besonders interessant sind die Führungen mit Liebesbezug, welche die meisten Stattreisen-Büros im Programm haben: Hier geht es um Liebesgeschichten aus örtlichen Sagen und Legenden, um Orte der Romantik, um besinnliche Betrachtungen zum Bund des Lebens und auch um einen Schuss Erotik.

♥747♥ Liebesbeziehungen unter engen Verwandten sind verboten. Trotzdem sind natürlich alle Menschen miteinander verwandt: Irgendwann, irgendwo hatten sie einmal dieselben Vorfahren. Betreiben Sie zusammen Ahnenforschung und versuchen Sie den Punkt zu finden, an dem sich Ihre Wurzeln kreuzen!

♥748♥ Feiern Sie Ihre Namenstage. Finden Sie heraus, was der Name des Partners bedeutet.

♥749♥ Entfliehen Sie dem Alltagsstress: Die Benediktinerabtei Plankstetten (Klosterplatz 1, 92334 Berching, Tel. 0 84 62 / 20 60) bietet während eines besinnlichen Klosteraufenthaltes Ikonenmalkurse an.

♥750♥ Greifen Sie Ihrer Frau beim Kochen unter die Arme: Steigen Sie ein mit einem unvergesslichen Kochkurs zu zweit. Die Ballymaloe Cookery School in Irland bietet mit ihrem eigenen Küchengarten und Schweineauslauf inmitten der saftigen Wiesen der Grafschaft Cork eine malerische Kulisse. Kontakt: Ballymaloe Cookery School, Shanagarry, Midelton, Co Cork, Ireland, Tel. 0 03 53 / 21 / 4 64 67 85, www.ballymaloe-cookery-school.ie.

♥751♥ Lernen Sie sich kennen mit dem schonungslosen Fragebuch »Let's talk!« (Rita Werner). Es enthält 444 Fragen, die ans Eingemachte gehen und zwei Menschen enger zusammenrücken lassen als je zuvor. Probieren Sie es!

♥752♥ Belegen Sie zusammen einen Erste-Hilfe-Kurs, damit Sie sich in Notsituationen immer gegenseitig helfen können.

♥753♥ Wenn Sie wieder in einer Zeitschrift einen dieser Persönlichkeitstest sehen, machen Sie ihn gemeinsam!

♥754♥ Schalten Sie eine der zahlreichen Fernsehquizshows ein und »spielen« Sie beide mit, indem jeder von Ihnen die jeweilige Antwort auf ein Blatt Papier schreibt. Vereinbaren Sie vorher einen Preis für denjenigen, der gewinnt – zum Beispiel die Gewinnsumme, die in der Sendung ausgezahlt wurde, als Küsse, eine erotische Massage, ein Dinner in der Badewanne etc.

Für Schleckermäulchen

♥755♥ Welche Süßigkeiten mag Ihre Freundin am liebsten? Gummibärchen, Lakritzschnecken, Smarties oder Ähnliches? Füllen Sie ihr ganzes Auto damit auf!

♥756♥ Kaufen Sie IHM einen Slip mit Kokos-Schokoladenduft (gibt's bei Schiesser, ca. 20 Euro).

♥757♥ Verstecken Sie das nächste Geburtstagsgeschenk für Ihren Freund originell: Füllen Sie die Badewanne mit Schokoherzen auf und deponieren Sie das Päckchen ganz unten.

♥758♥ Für Ihre Frau können Sie etwa ein Schmuckstück auch in einer großen Schüssel Schokopudding verstecken oder es in einen Kuchen einbacken.

♥759♥ Liebt Ihr Freund Coca-Cola? Überraschen Sie ihn ab und zu mit einem ausgefallenen Rezept aus dem »Original Coca-Cola-Kochbuch«.

♥760♥ Hat Ihr Mann einen Lieblingsjoghurt, -schokoriegel, -drink oder Ähnliches? Legen Sie ihm einen Riesenvorrat davon im Kühlschrank an!

♥761♥ Verschenken Sie mal wieder Liebesperlen!

Die fünf größten Liebessymbole

Herz
Ring
rote Rose
Liebesperlen
Pelikan

♥762♥ Servieren Sie Ihrem süßen Schatz etwas wirklich Süßes zum Essen: Überziehen Sie das Fleisch zum Dinner mit einer hauchdünnen Schokoladenschicht. Es schmeckt hervorragend!

♥763♥ Backen Sie ihrem Mann seine Lieblingsweihnachtsplätzchen – UNTER DEM JAHR, einfach so. Geben Sie ihm eine Tüte mit ins Büro.

♥764♥ Wenn er kein Lieblingsgebäck hat, dann schaffen Sie ihm eins: Stechen Sie ein ganzes Blech Plätzchen nur mit einer kleinen Herzform aus.

♥765♥ Am 22. Januar ist in den USA »National Pie Day« – nationaler Kuchentag. Feiern Sie ihn auch in Deutschland! Kaufen/backen Sie Ihre Lieblingssorten und schlemmen Sie nach Herzenslust.

♥766♥ Verblüffen Sie Ihren Schatz mal mit einem süßen Schokoei am Frühstückstisch: Blasen Sie ein Hühnerei aus und füllen Sie es mit flüssiger Schokolade. Stellen Sie es ganz normal in den Eierbecher …

♥767♥ Isst Ihr Partner gerne Marzipan? Kaufen Sie Rohmarzipan. Man kann daraus viele auf- und anregende Sachen formen. Wenn Sie nicht wissen, wovon ich spreche, schauen Sie in einem Anatomielehrbuch nach!

♥768♥ Rollen Sie eine Lakritzschnecke auseinander und essen Sie sich von beiden Enden aufeinander zu.

♥769♥ Überraschen Sie Ihre Freundin mit süßen Rezeptideen – aus dem Milka-Kochbuch (Kordula Werner).

♥770♥ Natürlich gibt es auch das Milka-Backbuch (Kordula Werner). Zaubern Sie für Ihren Freund doch ab und zu mal ein leckeres Teilchen daraus!

♥771♥ Teilen Sie sich einen groooßen Eisbecher für zwei!

♥772♥ Füllen Sie die Handtasche Ihrer Frau heimlich mit Schokoherzen auf.

♥773♥ Machen Sie mal wieder zusammen Karamellbonbons – einfach Butter und Zucker in der Pfanne rösten. Genießen Sie den herrlichen Duft.

♥774♥ Legen Sie Ihrem Freund ein Herz aus roten Gummibärchen aufs Kopfkissen. Verlangen Sie, dass er die Gummibärchen isst und sich für jedes einzelne mit einem Kuss bei Ihnen bedankt.

♥775♥ Haben Sie schon einmal von der essbaren Unterwäsche »Edible Undies« gehört? Es gibt sie für Damen und Herren in verschiedenen Geschmacksrichtungen. Bestücken Sie Ihren Partner doch einmal damit! Fündig werden Sie im Erotikfachhandel.

♥776♥ Machen Sie an einem langen Winterabend zusammen Bratäpfel. Füllen Sie die Äpfel mit Marzipan, Honig oder Müsli und braten Sie sie dann im Backofen, bis das Haus von einem weihnachtlichen Duft erfüllt ist. Vergessen Sie nicht, beim Essen viiiele Kerzen anzuzünden und eine schöne Adventsmusik einzulegen.

♥777♥ Zelebrieren Sie Weihnachten auf ganz besondere Art: Über die Fallschirmsportgemeinschaft Bremen (Tel. 0421/3398502) kann man Weihnachtsmänner aus der Luft einschweben lassen. Wenn Sie möchten, dürfen Sie dabei sogar selbst als Himmelsbote aktiv werden. Erkundigen Sie sich, ob es auch in Ihrer Umgebung einen Fallschirmsportclub mit einem solchen Service gibt.

♥778♥ Schmücken Sie den Weihnachtsbaum nicht mit Kugeln, sondern mit Fotos von Ihnen beiden. Mit etwas Geschick können Sie die Kugeln auch mit Ihren Fotos bekleben.

♥779♥ Überraschen Sie Ihren Mann mit einer extravaganten Köstlichkeit zur Weihnachtszeit: Die Butterstollen aus dem Café Zoller (76332 Bad Herrenalb, Ettlinger Straße 16, Tel. 07083/3106, Fax 07083/51812, www.cafezoller.de) werden unter anderen von Bill Clinton, Roman

Herzog und Fürst Rainier von Monaco geordert. Warum nicht auch von Ihnen?

♥780♥ Feiern Sie wieder das Fest des heiligen Nikolaus am 6. Dezember! Stellen Sie Ihrem Freund einen lecker gefüllten Stiefel vor die Haustür!

♥781♥ Sie können natürlich auch einen Nikolaus mieten. Örtliche Nikolaus-Agenturen gibt es überall. Wenn Sie den Heiligen vorher ein wenig präparieren, wird er persönliche Worte über Ihre Beziehung sprechen.

♥782♥ Oder Sie schlüpfen selbst ins Nikolauskostüm – geht auch als Frau!

♥783♥ Kaufen Sie einen Adventskalender mit Schokoladenfüllung. Öffnen Sie ihn vorsichtig an der Seite und ziehen Sie die Plastikform heraus, in der sich die Schokoladenstückchen befinden. Füllen Sie den Kalender neu – mit kleinen Liebesnotizen, Gutscheinen, Eintrittskarten fürs Kino … Schieben Sie die Plastikform wieder zurück in den Kalender, befestigen Sie alles mit etwas Klebeband und verschließen Sie den Kalender wieder. Jetzt darf Ihr Partner jeden Tag ein Türchen öffnen.

♥784♥ Lassen Sie im Fotogeschäft aus einem Filmnegativ eines schönen Bildes von sich beiden ein Puzzle machen und füllen Sie einen Adventskalender mit den Teilen.

♥785♥ Schenken Sie sich zu Weihnachten ein Himmelbett!

♥786♥ In vielen Beziehungen bricht über Weihnachten leider Streit aus, weil man sich nicht darüber einigen kann, wann man wessen Verwandte besuchen will (oder meist: muss). Vermeiden Sie diese Probleme, indem Sie sich einfach Ihr eigenes Weihnachten schaffen! »Verlegen« Sie Heiligabend auf den 27. 12. und die beiden Feiertage auf 28. und 29. 12. Dann können Sie in Ruhe feiern – nur zu zweit und ohne Besuchsstress!

♥787♥ Schmücken Sie alleine das Weihnachtszimmer und lassen Sie Ihre Frau nicht hinein. Hängen Sie im ganzen Raum viele, viele Lichter auf und schließen Sie alle an einen großen Mehrfachstecker mit Schalter an. Auf diese Weise können Sie alle Lichter auf einmal einschalten. Führen Sie Ihre Frau an Heiligabend in den dunklen Raum und bleiben Sie ein paar Minuten dort sitzen, um zu schmusen und zu reden. Dann betätigen Sie plötzlich den Schalter und lassen das Zimmer von einem Moment auf den anderen im Weihnachtsglanz erstrahlen.

♥788♥ Backen Sie gemeinsam Weihnachtsplätzchen. Erfinden Sie Ihre eigene Sorte!

♥789♥ Schlagen Sie zusammen einen Weihnachtsbaum im Wald. Viele Landbesitzer pflanzen Bäume an und öffnen in der Weihnachtszeit ihre Pforten für Käufer mit Axt.

♥790♥ Lassen Sie am Dreikönigsfest die Sternsinger zu sich nach Hause kommen. Meist müssen Sie sich dafür in der zuständigen Pfarrei in eine Liste eintragen.

♥791♥ Wenn Sie während des Jahres Weihnachtsgefühle befallen, dann besuchen Sie doch zusammen »Käthe Wohlfahrt« in Rothenburg ob der Tauber. Hier finden Sie ganzjährig die weltweit größte Auswahl an deutschen Weihnachtsdekorationen, unter anderem eine 5,50 Meter hohe Weihnachtspyramide, mannshohe Nussknacker, ein originalgetreues fränkisches Weihnachtsdorf und mehr als 80 000 Christbaumlämpchen. Käthe Wohlfahrt GmbH & Co. OHG, Herrngasse 1, 91541 Rothenburg ob der Tauber, Tel. 0 98 61 / 40 90, www.wohlfahrt.com.

Im Schlafzimmer

♥792♥ Füllen Sie Ihr Schlafzimmer heimlich mit Luftballons auf!

♥793♥ Tauschen Sie alle Glühbirnen im Schlafzimmer gegen solche in der Lieblingsfarbe Ihres Partners aus.

♥794♥ Oder streichen Sie gleich das ganze Schlafzimmer komplett in seiner Lieblingsfarbe, während er bei der Arbeit ist!

♥795♥ Achten Sie auf die Farbe Ihrer Bettwäsche: Blau steigert die Kreativität, auch in sexuellen Angelegenheiten ...

♥796♥ Ist Ihr Mann ein Morgenmuffel? Rote Bettwäsche bringt auch ihn morgens in Stimmung ...

♥797♥ Gelbe Tapete im Schlafzimmer verstärkt Glücksgefühle.

♥798♥ Sprechen Sie morgens nach dem Aufwachen gemeinsam über Ihre Träume, die Sie nachts hatten. Sie werden staunen, wie intim Sie sich dabei kennen lernen! Ziehen Sie ein Traumdeutungsbuch zurate!

♥799♥ Tapezieren Sie die Schlafzimmerdecke mit gemeinsamen Fotos.

♥800♥ Mit Hilfe eines Diaprojektors, den Sie an die Decke richten, können Sie sich Ihr ganz persönliches Himmelbett schaffen. Wie wär's mit dem schönsten Urlaubsbild oder einer schönen Aufnahme von Ihnen beiden?

♥801♥ Lassen Sie Bettwäsche mit Fotos von sich beiden bedrucken (diese Möglichkeit bieten viele Fotogeschäfte an). Vielleicht bevorzugen Sie eine erotische Aufnahme?

♥802♥ Legen Sie sich ein Wasserbett zu! Viele Paare berichten eine bemerkenswerte Belebung ihres Liebeslebens nach einer solchen Anschaffung.

♥803♥ Übernachten Sie ab und zu mal in einem Schlafsack für zwei.

♥804♥ Lesen Sie sich gegenseitig Gutenachtgeschichten vor.

♥805♥ Kennen Sie die schalldichte Kabine, in der Kandidaten, die überrascht werden sollen, in Fernsehshows ausharren müssen? Machen Sie es ebenso mit Ihrer Freundin! Verbinden Sie ihr morgens im Bett die Augen und setzen Sie ihr Kopfhörer auf, über die Sie ihren Lieblingssong laufen lassen. In der Zwischenzeit bereiten Sie ein kleines Sektfrühstück am Bett vor …

♥806♥ Machen Sie eine Kissenschlacht vor dem Einschlafen!

♥807♥ Stellen Sie Duftkerzen im Schlafzimmer auf.

♥808♥ Legen Sie Ihrer Freundin ein Herz aus roten Rosenblüten auf ihr Kopfkissen.

♥809♥ Einer Umfrage zufolge finden es 30 Prozent der Frauen romantisch, wenn ihr Mann seidene Bettwäsche mitbringt.

♥810♥ Gibt es bei Ihnen nachts immer ein Gerangel um das Kopfkissen? Nähen Sie ein extragroßes Kissen für Sie beide – mindestens zwei Meter breit!

♥811♥ Verstecken Sie eine kleine Spieluhr im Kopfkissen Ihrer Freundin und lassen Sie die Aufziehschnur heraushängen. Ziehen Sie daran, wenn Ihre Freundin sich darauf gelegt hat.

♥812♥ Richten Sie Ihr Schlafzimmer wieder einmal so her, wie es in Ihrer Hochzeitsnacht ausgesehen hat.

♥813♥ Wenn Sie keinen Platz für ein Himmelbett haben: Beschenken Sie sich mit einem feinmaschigen Moskitonetz, das Sie über Ihrem Schlafplatz von der Decke hängen lassen. Wenn Sie darunter liegen, erzeugt es eine Himmelbettatmosphäre.

♥814♥ Verweilen Sie jeden Morgen vor dem Aufstehen ein paar Minuten miteinander im Bett. Planen Sie zusammen Ihren Tagesablauf. Erzählen Sie sich gegenseitig genau, was Sie heute tun werden, damit Sie sich gegenseitig in Gedanken begleiten können.

Vergissmeinnicht

♥815♥ Besorgen Sie sich einen Versandhauskatalog für Werbemittel. Bestellen Sie Blöcke, Kugelschreiber oder Ähnliches mit der Aufschrift »Ich liebe dich, (Name)«. Statten Sie Ihren Partner damit aus. Oder lassen Sie Notizzettel mit Ihrem Foto drucken (macht der Werbeversandhandel) und schenken Sie Ihrem Mann einen Block. Er wird jedes Mal an Sie denken, wenn er sich etwas aufschreibt.

♥816♥ Schenken Sie Ihrem Freund ein T-Shirt, das mit Ihrem Foto bedruckt ist. Oder wie wäre es mit Boxershorts mit Ihrem Foto?

♥817♥ Verstecken Sie Liebesbotschaften an Orten, an denen Ihre Freundin sie im Laufe des Tages finden wird: im Kühlschrank, im Auto, in der Handtasche …

♥818♥ Lassen Sie im Fotogeschäft eine Tasse mit einem Foto von sich bedrucken. Schenken Sie sie Ihrem Mann fürs Büro.

♥819♥ Auch ohne persönliches Foto können Sie Ihren Schatz ständig auf sich aufmerksam machen: In der »Herzgalerie« (DiehlDesign GmbH, Burgstraße 39, 60316 Frankfurt/Main, Tel. 069 / 24 24 17 51, www.herzgalerie.de) gibt es »Ich-liebe-dich«-Uhren mit Herzmotiv.

♥820♥ Schmuggeln Sie einen Liebesbrief ins Portemonnaie Ihre Freundes.

♥821♥ Lassen Sie sich kleine Stempel anfertigen mit Texten wie »Für dich, mein Schatz«, »Denk an mich«, »Hab' dich lieb« (gibt's für wenig Geld im örtlichen Schreibwarenhandel). Stempeln Sie sich gegenseitig nette Nachrichten auf alles, was Sie in die Finger bekommen …

♥822♥ Besorgen Sie sich gegenseitig Kfz-Kennzeichen mit den Initialen Ihres Partners. Solche Sonderwünsche erfüllt die Zulassungsbehörde gegen geringen Aufpreis. Angenehmer Nebeneffekt: Auf diese Weise können Sie sich Ihr Kennzeichen auch leichter merken.

♥823♥ In vielen Fotogeschäften kann man Uhren mit einem bestimmten Foto als Zifferblatthintergrund bestellen. Wählen Sie ein schönes Foto von sich und Ihrem Partner aus und schreiben Sie darüber: »Bis ans Ende der Zeit«. Kaufen Sie dann in einem Kaufhaus oder in einem Elektrogeschäft einen Gutschein für Uhrbatterien über einen so hohen Betrag, dass die Uhr tatsächlich niemals aufhören wird zu ticken. Schenken Sie Ihrem Partner beides zusammen.

♥824♥ Tragen Sie ein Foto Ihres Partner im Portemonnaie – und schenken Sie ihm eines von Ihnen für denselben Zweck.

♥825♥ Stehen Sie morgens öfter zu unterschiedlichen Zeiten auf? Hängen Sie eine kleine abwaschbare Tafel an den Frühstückstisch. Dann können Sie Ihrem Partner jeden Morgen Ihre persönlichen Grüße hinterlassen.

♥826♥ Noch pfiffiger sind die Schiefertassen, die es im Fachhandel zu kaufen gibt: Sie können sie jeden Morgen neu mit Kreide beschriften – mit einem schönen Spruch für einen romantischen Start in den Tag.

♥827♥ Oder schreiben Sie »Guten Morgen, mein Schatz« mit Filzstift auf sein Frühstücksei!

♥828♥ Schenken Sie Ihrer Freundin ein Schmuckstück, in welches das Datum Ihres Kennenlernens eingraviert ist.

♥829♥ Sägen Sie aus Sperrholz ein kleines Herz aus und teilen Sie es in zwei Teile. Lackieren Sie es hochglänzend und lassen Sie Ihre Freundin die eine Hälfte tragen. Die andere hängen Sie sich selbst um den Hals.

♥830♥ Zwei Hälften eines gemeinsamen Herzens können Sie nicht nur als Schmuck, sondern auch als Zimmerdekoration verwenden: Brennen Sie sie etwa aus Ton oder basteln Sie die Herzhälften aus Gips und bemalen Sie sie.

Jeder von Ihnen stellt dann eine Hälfte des gemeinsamen Herzens in seiner Wohnung auf.

♥831♥ Lassen Sie Ihren Partner beim zweiten Frühstück an Sie denken: Ritzen Sie mit einem scharfen Messer eine Liebesbotschaft in einen frischen grünen Apfel, den Sie Ihrem Schatz einpacken. Ein paar Stunden später wird die Botschaft deutlich auf dem Apfel erscheinen.

♥832♥ Verdeutlichen Sie sich immer, dass Sie beide zusammengehören und eine Einheit bilden: Nehmen Sie ein schönes Foto von sich beiden und schneiden Sie es in zwei ineinander passende Puzzleteile – sodass auf jedem Teil einer von Ihnen zu sehen ist. Geben Sie Ihrem Partner das Stück, auf dem Sie zu sehen sind, und umgekehrt.

♥833♥ Kaufen Sie sich ein Origamibuch und falten Sie zusammen eine Taube – jeder seine eigene. Tauschen Sie dann die Tauben aus und tragen Sie sie immer bei sich – als Symbol für eine schöne, aber zerbrechliche Liebe, die immer gehegt und gepflegt werden muss.

Für Gesundheitsbewusste

♥834♥ Werden Ihre gemeinsamen Kuschelstunden durch eine Allergie Ihres Partners getrübt? Tun Sie ihm etwas wirklich Gutes und schauen Sie auf der Seite www.allergate.de vorbei. Mit dem dort vorhandenen Produktfilter können Sie in Sekundenschnelle alle denkbaren Produkte (einschließlich Lebensmittel) ausfindig machen, die Ihr Partner leidensfrei benutzen kann.

♥835♥ Finden Sie in hektischen Zeiten gemeinsam wieder zur Ruhe: Kaufen Sie sich ein Buch über autogenes Training und praktizieren Sie es jeden Abend zusammen. Oder melden Sie sich für unvergesslich erholsame Stunden zu zweit auf einer Ayurveda-Farm an.

♥836♥ Hasst Ihre Freundin Sie dafür, dass Sie ständig rauchen müssen? Kommen Sie ihr wenigstens am Weltnichtrauchertag entgegen! Er ist am 31. Mai, ins Leben gerufen von der Weltgesundheitsorganisation (WHO).

♥837♥ Ist Ihr Partner krank? Schenken Sie ihm die beste Medizin der Welt: Liebe! Als Symbol dafür füllen Sie einen alten Arzneibehälter (etwa eine Hustensaftflasche oder eine Pillendose) randvoll mit Liebesperlen und geben Sie dem Patienten die »Medizin« zusammen mit einem zärtlichen Kuss.

♥838♥ Lachen ist gesund und erhöht das Wohlbefinden – auch das sexuelle, so Wissenschaftler. Wann haben Sie sich zum letzten Mal gegenseitig einen Witz erzählt, über den Sie herzlich lachen konnten? Feiern Sie den Weltlachtag am 6. Mai! Auf der ganzen Welt finden an diesem Tag kollektive Lachveranstaltungen statt, organisiert nach den Lachübungen eines indischen Lacharztes, der den Termin ins Leben gerufen hat. Halten Sie einfach in der Presse Ausschau nach solchen Veranstaltungen.

♥839♥ Wenn Sie sich mal wieder richtig gegenseitig durchkitzeln, haben Sie beides: Körperkontakt und Lachen – und einen Schuss Erotik.

♥840♥ Massieren Sie sich unter der Dusche mit grobkörnigem Meeressalz – sehr gesund und sehr anregend.

♥841♥ Wollen Sie beide eine Diät machen, aber es hat nie funktioniert? Probieren Sie die Liebes-Diät: Verzichten Sie auf eine Mahlzeit am Tag und lieben Sie sich stattdessen ausführlich. Sie haben die ganze Mittagspause Zeit!

♥842♥ An vielen Orten kann man so genannte »Mobile Massagedienste« mieten, die an den Arbeitsplatz kommen und einem in der Mittagspause die verspannte Nackenmuskulatur etwas auflockern. Kommen Sie doch einmal überraschend selbst am Arbeitsplatz Ihres Partners vorbei und legen Sie Hand an!

♥843♥ Gehen Sie morgens zusammen joggen und begrüßen Sie den neuen Tag. Dann tun Sie etwas für Ihre Partnerschaft und Ihre Gesundheit.

♥844♥ Mildere Version: Machen Sie es zur Gewohnheit, nach dem Mittagessen einen kurzen gemeinsamen Spaziergang einzulegen.

♥845♥ Haben Sie auch schon von der magischen Kraft gehört, die so genannte Bachblüten auf die Liebe ausüben sollen? Testen Sie es! Infos enthält etwa das Buch »Blüten für die Seele. Das Bachblüten-Brevier für die ersten Schritte« von Julian Barnard.

♥846♥ Trinken Sie zusammen Johanniskrauttee – das macht gute Stimmung, auch in der Liebe …

♥847♥ Kaufen Sie sich eine der vielen Entspannungs-CDs und entfliehen Sie gemeinsam in andere Sphären.

Die romantischsten Musikstücke

Claire de Lune (C. Debussy)
Liebestraum (F. Liszt)
Eine kleine Nachtmusik (W. A. Mozart)
Kanon D-Dur (J. Pachelbel)
Boléro (M. Ravel)

♥848♥ Melden Sie sich bei einem Meditationskurs für Paare an. Das gibt Ihnen die Möglichkeit, ein wenig Zeit jenseits des Alltagstrubels miteinander zu verbringen.

♥849♥ Schenken Sie Ihrem Mann statt einer Krawatte zum Geburtstag einmal ein paar Vitaminpräparate. Auf die Karte können Sie etwa schreiben: »Für ein langes und gesundes Leben, damit wir noch viele, viele Jahre miteinander verbringen können!«

♥850♥ Eine Fußreflexzonenmassage soll wahre Wunder wirken: Über 70 000 Nervenbahnen verbinden die Füße mit unseren Organen und ermöglichen eine Stimulation dieser Organe über bestimmte Zonen der Fußsohle. Die erotische Reflexzone ist die Fersenmitte. Üben Sie an dieser Stelle bei Ihrem Partner mit dem Finger einen leichten, anhaltenden Druck aus. Benutzen Sie ein wenig Massageöl und machen Sie mit dem Daumen kreisende Bewegungen. Achten Sie auf die Reaktionen Ihres Partners: Wenn es ihm gefällt, machen Sie weiter, wenn Ihre Druckmassage Schmerzen auslöst, sollten Sie allerdings sofort aufhören.

♥851♥ Auch im hektischen Berufsalltag können Sie Ihrer Freundin jederzeit ein Minifrühstück im Bett herbeizaubern: Überraschen Sie sie einfach mit einem Glas wirklich frisch gepressten Orangensaft.

♥852♥ Ist Ihr Partner öfter mal krank und sind Sie öfter mal auf Reisen? Dann machen Sie ihm doch eine »Genesungsbox«: Packen Sie Erkältungstee, ein schönes Buch, einen kuscheligen Schal und was Ihnen sonst noch einfällt in eine Kiste. Verstecken Sie die Kiste an einer sicheren Stelle in seiner Wohnung. Wenn Sie unterwegs sind und Ihr Partner wird mal wieder krank, sagen Sie ihm, wo er suchen soll …

Schaumbad & Co.

♥853♥ Kaufen Sie eine Ladung kleiner gelber Quietsche-Entchen und füllen Sie für Ihren Partner damit die Badewanne für sein nächstes Bad!

♥854♥ Wann haben Sie sich zum letzten Mal gegenseitig eine wohltuende Massage in der Schaumbadewanne gegönnt? Es könnte mal wieder Zeit sein …

♥855♥ Lassen Sie Ihrer Freundin ein Vollbad mit »Relaxing Bath Tablets« der Firma Shiseido ein.

♥856♥ Weitere Ideen für prickelnden Badespaß zu zweit: Mit dem »Green Tea Fizzing«-Badesalz von Elizabeth Arden schäumen Wanne und Stimmung über …

♥857♥ Sprudelnde Stimmung bringt auch die »Badebombe« von Village.

♥858♥ Erst bunt, dann schaumig wird das Badeerlebnis mit den Seifenblättchen »Grains de folies« von Parfums Grès.

♥859♥ Und die ganz besondere Idee zum Selbermachen: Sammeln Sie viele, viele Rosenblüten und streuen Sie sie in das Vollbad.

♥860♥ Falls Sie Zugang zu einem Laminatgerät haben: Schreiben Sie ein Liebesgedicht auf ein Blatt Papier, das Sie dann laminieren. Lassen Sie Ihrer Freundin ein Schaumbad ein und verstecken Sie das Gedicht im Schaum, sodass sie es erst in der Wanne findet. Wenn Sie wollen, können Sie auch schwimmende Kerzen auf dem Wasser anzünden, bevor Sie Ihre Freundin ins Bad rufen.

♥861♥ Wollten Sie schon immer einmal in Champagner baden? Gehen Sie zu Aldi! Dort gibt es guten Champagner zu Preisen, bei denen man seine Badewanne mit dem prickelnden Gold füllen kann, ohne Millionär sein zu müssen.

♥862♥ Vergnügen Sie sich an brütend heißen Tagen in einem echten Eiswürfelbad: Beim Partyservice kann man so genanntes »Crushed Ice« in rauen Mengen kaufen. Füllen Sie damit Ihre Badewanne und stürzen Sie sich hinein!

♥863♥ Kaufen Sie sich einen harten Massageschwamm und setzen Sie ihn bei gemeinsamen entspannenden Stunden in der Badewanne ein.

♥864♥ Schreiben Sie Ihrem Freund morgens etwas Nettes mit Lippenstift auf den Badezimmerspiegel.

♥865♥ Wenn Sie eine durchsichtige Duschwand haben: Hängen Sie einen Liebsbrief von außen dagegen, bevor Ihr Freund morgens ins Bad kommt.

Für Experimentierfreudige

♥866♥ Rasiert sich Ihr Freund nass? Nehmen Sie sich an einem langen Sonntagmorgen Zeit und rasieren SIE ihn – gaaanz zärtlich und mit viel Rasierschaum.

♥867♥ Lieben Sie sich an einem Ort, an dem Sie es noch nie getan haben. Suchen Sie immer wieder neue, aufregende Umgebungen.

♥868♥ Manche Liebestolle nehmen mit einem Heiratsantrag ein wirklich großes Risiko auf sich, denn sie haben keine Ahnung, wie die Dame ihres Herzens reagieren wird. Wer in einer solchen Lage trotzdem fragt, ist in der Tat experimentierfreudig. Was würden Sie davon halten, sich gegen das Risiko, eine Abfuhr zu bekommen, versichern zu können? Nun, Sie können es: Angeboten wird eine entsprechende Police von SIR HUCKLEBERRY INSURANCE COMPANY owm.U.A., Keizersgracht 62, NL-1015 CS Amsterdam, Tel. 00 31 / 20 / 5 20 75 87, www.sir-huckleberry-ins.com.
Entkrampfen Sie doch einfach die Situation, indem Sie Ihrer Freundin vor der Frage die Police zeigen. Sie wird sicher schmunzeln und liebevoll reagieren – und die Frage selbst ist damit eigentlich auch schon gestellt …

♥869♥ Stellen Sie einen Tag lang in der ganzen Wohnung den Strom ab (oder tun Sie so, als ob Sie es getan hätten, falls Sie wichtige Geräte wie den Kühlschrank nicht davon ausnehmen können)! Verzichten Sie auf Fernsehen, Radio und Licht. Beleuchten Sie stattdessen die Zimmer mit Kerzen und vertreiben Sie sich die Zeit mit gemeinsamem Lesen, Erzählen oder Musizieren, falls Sie ein Instrument spielen.

♥870♥ Entdecken Sie gegenseitig Ihre erogenen Körperzonen. Probieren Sie alle Stellen aus. Bei manchen ist es das Ohrläppchen oder der kleine Zeh …

♥871♥ Am 17. März wird in Irland der Saint Patrick's Day gefeiert. Man trägt nur grün. Feiern Sie mit! Tragen Sie grüne Kleidung, servieren Sie Ihrem Partner grüne Götterspeise usw.

♥872♥ Feiern Sie das Erntedankfest Ende November zur Abwechslung einmal ausgiebig wie die Amerikaner ihr Thanksgiving: mit einem Truthahnessen und einem rauschenden Fest.

♥873♥ Möchten Sie Ihre Freundin mit tollen Dessous überraschen, aber nicht auf eine vorherige Anprobe verzichten? Schauen Sie bei www.otto.de/anprobe vorbei. Dort können Sie sehen, wie Ihre Flamme in den neuen Kleidungsstücken wirkt – Sie müssen nur vorher ein Foto von ihr eingeschickt haben.

♥874♥ Gestalten Sie selbst eine Landschaft Ihrer Beziehung – mit dem Band »Mein Atlas der Erlebniswelten« (Eichborn Verlag).

♥875♥ Sehnen Sie sich nach ein wenig Ruhe und Abstand vom hektischen Alltag? Nicht wenige Paare finden bei einem Aufenthalt in einem Kloster wieder zu sich. Männer und Frauen können zum Beispiel in der Zisterzienserabtei Himmerod (54534 Großlittgen, Tel. 06575/95130) für einige Zeit am Klosterleben teilnehmen.

♥876♥ Schmunzeln Sie auch immer über die »Butterfahrt«-Angebote für wenig Geld, die uns ständig in den Briefkasten flattern? Fahren Sie doch mal bei einer mit! Romantik besteht auch darin, zusammen etwas völlig Belangloses zu tun!

♥877♥ Speisen Sie einmal wie im Mittelalter – im Rittersaal von Schloss Auerbach (64625 Bensheim, Tel. 06251/72923). Die Kellner servieren Ihnen das Mahl in Ritterkostümen, nehmen vorher eine »Giftprobe«. Essen werden Sie mit Dolchen ...

♥878♥ Probieren Sie einen Kuss einmal »andersherum«: Ihr Partner legt sich auf das Bett. Sie setzen sich hinter den Kopf und nähern von dort Ihre Lippen denen Ihres Partners – sodass jeweils die Stirn des einen dem Kinn des anderen gegenübersteht. Küssen Sie sich und merken

Sie, wie Mund und Lippen sich ganz anders als sonst anfühlen.

♥879♥ Fahren Sie an einem Sonntag zusammen mit dem Auto weg – Ziel unbestimmt. Biegen Sie abwechselnd einmal links, einmal rechts ab. Fahren Sie so lange, bis Sie das Gefühl haben, ganz allein auf der Welt zu sein, und lassen Sie den Dingen Ihren Lauf …

♥880♥ Gehen Sie einen Abend zusammen aus, ohne sich zu berühren. Schauen Sie sich in die Augen, wispern Sie sich ins Ohr, spüren Sie gegenseitig Ihren Atem – aber fassen Sie sich nicht an. Wenn Sie das Knistern nicht mehr aushalten können, gehen Sie nach Hause. Jetzt dürfen Sie …

♥881♥ Französische Wissenschaftler wollen herausgefunden haben, dass der Duft einer Tuberoseblume Männer in ganz besonderer Weise anregt. Probieren Sie es aus! Fragen Sie im Blumengeschäft nach der Wunderpflanze.

♥882♥ Wollen Sie Ihrer Freundin mehr Abwechslung bei ihren Düften geben? Die Lotion aus der »Body Line« von Helmut Lang verändert ihren Duft je nach Körpertemperatur.

♥883♥ Machen Sie eine Liste von A bis Z mit lauter Orten, an denen Sie sich gerne einmal lieben würden.

Schreiben Sie jeden Ort auf einen kleinen Zettel, mischen Sie gut durch und ziehen Sie ab und zu einmal ein »Ausflugsziel« ...

♥884♥ Wollen Sie Ihre Frau mal mit einem aufregenderen Vorspiel überraschen? Machen Sie heimlich einen Stripkurs! Infos gibt es bei der Stripschule http://www.happyclean.com.

♥885♥ Falls Sie einigermaßen schlank sind: Überreden Sie einen Solarienbetreiber dazu, Sie beide gemeinsam auf eine Sonnenbank zu lassen.

♥886♥ Für mehr Spannung bei der gemeinsamen Abendgestaltung: Tun Sie sich mit einem befreundeten Paar zusammen. Jedes Paar überlegt sich nun für das andere ein ausgefallenes Abendprogramm. Die Anweisungen dafür werden aufgeschrieben (wo man sich einfinden soll, was man tun soll etc.) und ausgetauscht.

Bettgeflüster

♥887♥ Wenn Sie sich nicht trauen, Ihre erotischen Fantasien gegenüber Ihrem Partner selbst zu formulieren, bedienen Sie sich doch professioneller Hilfe: Die Hamburger Agentur Textbau Deluxe (textbau@gmx.de) macht aus Ihren Fantasien einen anregenden Roman. Sie müssen nur einige Angaben liefern: Namen der Darsteller, gewünschte Handlung, Grad der Deftigkeit.

♥888♥ Bringen Sie ein wenig knisternde Spannung in die Weihnachtszeit: Machen Sie einen erotischen Adventskalender! Füllen Sie ihn mit kleinen Zetteln, auf denen Sie beide bisher geheime Wünsche an den Partner notiert haben. Damit ist nicht schon das Versprechen des anderen verbunden, jeden Wunsch auch auf jeden Fall einzulösen. Aber auf diese Weise haben Sie wenigstens einen gemeinsamen Ausgangspunkt.

♥889♥ Schon den alten Christen war nichts Menschliches fremd: Hören Sie einmal an einem kuscheligen Abend die CD »Die schweinischsten Stellen aus dem Alten Testament«, gelesen von Harry Rowohlt (Hörbuch Hamburg).

♥890♥ Wie wär's mit einem Lustkissen? Es ist bedruckt mit klassischen erotischen Bildnissen und verwandelt Ihr Zimmer in einen anregenden Lustraum (zu bekommen bei anna blume, Tel. 0 92 81 / 16 09 68, www.annablume.de).

♥891♥ Lust auf Nahkampf im Bett? Anregende Camouflage-Bettwäsche bekommen Sie bei camoart (www.camoart.com). Limitierte Auflage!

♥892♥ Kaufen Sie sich ein Kamasutrabuch und erarbeiten Sie sich Seite um Seite.

♥893♥ Wenn Ihnen die Kamasutrabeschreibungen nicht anschaulich genug sind: Bestellen Sie sich eine Glaskaraffe mit mundgeblasenen Kamasutramotiven – bei der Glaskünstlerin Silvia Kojevic (Tel. 0043/676/4012583 oder www.kamasutra.at).

♥894♥ Möchten Sie wissen, welche verborgenen sexuellen Wünsche Sie und Ihr Partner haben? Unterziehen Sie sich dem »Graphic Sex«-Test, den Shirl Solomon in ihrem gleichnamigen Buch entwickelt hat.

♥895♥ Spielen Sie Scrabble nach erotischen Spielregeln: Erlaubt sind alle Begriffe, die sexy sind …

♥896♥ Küssen Sie sich mit verbundenen Augen. Ertasten Sie den Körper Ihres Partners mit den bloßen Lippen. Lieben Sie sich mit verbundenen Augen!

♥897♥ Teilen Sie Ihrem Freund schon von weitem mit, dass Sie heute Abend in Stimmung sind: Vereinbaren Sie ein Zeichen, z. B. eine Kerze im Fenster oder ein brennendes Hoflicht …

♥898♥ Auch derjenige, der nach Hause kommt, kann deutlich machen, dass er in Stimmung ist: Denken Sie sich zum Beispiel ein besonderes Klingelzeichen aus …

♥899♥ Dehnen Sie Ihren Liebesakt so lange aus, wie er noch nie gedauert hat.

♥900♥ Machen Sie den schnellsten Quickie, den Sie je hatten.

♥901♥ Schreiben Sie einen erotischen Liebesbrief!

♥902♥ Lassen Sie Ihren Partner auf die moderne Art wissen, wenn Sie gerade in Stimmung sind: Die US-Firma Hammacher Schlemmer (www.hammacher.com) bietet »The Thinking Cap« an – eine Mütze, über deren Außenseite ein frei programmierbarer Text auf einem LCD-Display vorbeiläuft. Denkbar sind Botschaften wie »Ich bin heute verrückt auf dich« oder »Bitte anfassen« … Der Spaß kostet ca. 25 US-Dollar.

♥903♥ Gehen Sie gemeinsam Austern essen, das Aphrodisiakum schlechthin!

♥904♥ Nehmen Sie den Zweitschlüssel zum Wagen Ihrer Freundin mit und legen Sie ein nettes Dessous auf den Fahrersitz, sodass Ihre Freundin es nach getaner Arbeit findet …

♥905♥ Schicken Sie IHM Boxershorts mit der Post. Stecken Sie sie aber nicht in einen Umschlag, sondern kleben oder nähen Sie das Adressschild auf. Vergessen Sie die Briefmarke nicht. Schreiben Sie mit einem Textilstift eine sexy Botschaft auf die Hose …

Hobbyromantik

♥906♥ Suchen Sie eine Sportart, für die Sie sich beide interessieren. Gehen Sie zu Wettkämpfen oder verfolgen Sie Übertragungen im Fernsehen. Fiebern Sie gemeinsam mit den Sportlern. US-amerikanische Psychologen haben herausgefunden, dass eine solche »passive« Sportbegeisterung die Stimmung aufhellt und das Gemeinschaftsgefühl stärkt.

♥907♥ Sammelt Ihr Partner Coca-Cola-Artikel? Bringen Sie ihn mit Gleichgesinnten zusammen: Coca-Cola Collectors Club Chapter Germany, http://www.cocacolaclub.org!

♥908♥ Abonnieren Sie Ihrem Mann eine Fachzeitschrift, die eines seiner Hobbys betrifft (es gibt sie für Heimwerker, Modelleisenbahner, Aquarienfreunde und so ziemlich alle anderen Interessen).

♥909♥ Interessiert sich Ihr Mann mehr für Aktien als für die Liebe? Bringen Sie ihn zurück in die Welt der Erotik, indem Sie ihm eine Aktie der Beate Uhse AG zum Einrahmen schenken – erhältlich bei Bull & Bear Company, Tel. 070 23 / 7 46 60, www.bull-bear.de.

♥910♥ Fordern Sie alle Kataloge an, die Sie auftreiben können, welche sich auf Hobbys oder Interessen Ihrer

Freundin beziehen. (Vielleicht interessiert sie sich für Reisen in bestimmte Länder, für bestimmte Tiere oder für Kreationen angesagter Modedesigner.)

♥911♥ Schenken Sie Ihrer Frau einen ausgedehnten Einkaufsbummel am langen Samstag – und zwar ohne Ungeduld!

♥912♥ Gehen Sie mit Ihrem Mann zu einem Fußballspiel – und zwar ohne Trauermiene!

♥913♥ Sind Sie Krimifans? Dann gehen Sie gemeinsam auf Verbrecherjagd! Die Agentur Blutspur bietet für Hobby-Detektive spannende Krimi-Events in der Eifel an. Kontakt: Agentur Blutspur, Blankenheimer Straße 46, 50937 Köln, Tel. 0221/9419479, www.blutspur.de.

♥914♥ Sie können aber auch Mörder an der Ostsee dingfest machen, bei einem Krimiwochenende im Hotel »Genueser Schiff« in Hohwacht. Info und Buchung: Hotel Genueser Schiff, Seestraße 18, 24321 Hohwacht/Ostsee, Tel. 04381/7533, www.genueser-schiff.de.

♥915♥ Besorgen Sie Ihrem Partner ein Autogramm seines Lieblings-Stars! Wo Sie sich hinwenden müssen, erfahren Sie unter www.autogrammadressen.de!

♥916♥ Liebt Ihr Freund einen bestimmten Comic? Sicher können Sie ihm mit Socken oder Boxershorts eine Freude machen, die mit den entsprechenden Motiven bedruckt sind.

♥917♥ Löst Ihre Frau immer ein ganz bestimmtes Kreuzworträtsel in einer ganz bestimmten Zeitschrift? Rufen Sie den zuständigen Redakteur an und überreden Sie ihn, ein besonderes Lösungswort einzubauen, etwa: »Simone, ich liebe dich.« Es wird nicht einfach sein, aber Ihre Frau wird auch noch nie über eine Liebeserklärung so überrascht gewesen sein.

♥918♥ Falls das nicht klappt: Funktionieren Sie einfach ein Rästel um, bevor Ihre Frau es in die Finger bekommt. Schreiben Sie Ihre eigenen Ziffern für die Lösungsbuchstaben so in die Kästchen, dass sie zusammen gesetzt »Ich liebe dich« ergeben. Kleiner Tipp: Sie können das Rätsel zuvor »unsichtbar« lösen, indem Sie eine Folie oder Glasscheibe darüber legen und einen abwaschbaren Stift benutzen …

♥919♥ Wenn Sie stricken können, dann tun Sie doch wieder einmal etwas, was ein wenig aus der Mode gekommen ist: Schenken Sie Ihrem Freund einen selbst gestrickten Winterpullover aus flauschiger Kuschelwolle. Die meisten Männer finden das gar nicht so altmodisch, wie Sie vielleicht denken.

♥920♥ Wenn Ihr Partner Spaß an schönen antiquarischen Dingen hat, schenken Sie ihm doch einen Kurs »Möbel restaurieren in der Toskana«. In malerischer Kulisse erfährt man alles über das edle Handwerk. Kontakt: Anne-Marie van Benthem-Doppegieter, Tel. 0031/172/61 35 67, anne@vanbenthem.demon.nl.

Für Quasselstrippen und SMS-Abhängige

♥921♥ Sprechen Sie Ihrer Freundin ein Gedicht auf den Anrufbeantworter.

♥922♥ Bei vielen Handys kann man eine persönliche Begrüßungsbotschaft oder gar ein Begrüßungsbild einprogrammieren. Vielleicht möchten Sie sich damit am Handy Ihrer Freundin versuchen.

♥923♥ Beginnen Sie Ihren Anrufbeantwortertext mit »Hallo Schatz, hallo Rest der Welt …«

♥924♥ Richten Sie für Ihre Freundin Ihre persönliche Liebeshotline ein: Die Regulierungsbehörde für Post und Telekommunikation vergibt so genannte »Vanity-Rufnummern«. Diese bestehen – wie etwa in den USA üblich – nicht aus Zahlen, sondern aus den Buchstaben, die den einzelnen Ziffern auf den Telefonen zugeordnet sind. So kann Sie Ihre Freundin zum Beispiel künftig unter »0700-SEXY« erreichen. Info: 01803/686637 oder E-Mail an: nummernverwaltung@regtp.de.

♥925♥ Gibt's bei Ihnen öfter Ärger, weil die Leitung besetzt ist, wenn Sie sich gegenseitig anrufen wollen? Lassen

Sie sich einen ISDN-Anschluss legen. Sie erhalten drei Rufnummern, von denen Sie jeweils eine nur für Ihren Schatz reservieren.

♥926♥ Für Distanzbeziehungen: Münchner Psychologen haben herausgefunden, dass erotische Fantasien am Telefon fruchtbar für das weitere Zusammenleben sind. Also: Lassen Sie Ihren Fantasien freien Lauf! Den günstigsten Telefonanbieter finden Sie unter www.billiger-telefonieren.de!

♥927♥ Selbst bei Paaren, die sich jeden Tag sehen, soll Telefonsex positive Auswirkungen haben: Besonders aus Männern mache es bessere Liebhaber, da sie dazu gezwungen würden, den Liebesakt auch einmal im Kopf durchzuspielen, so die Psychologen …

♥928♥ Sie trauen sich nicht, Ihrem Partner solche knisternden Telefonate vorzuschlagen? Versuchen Sie es um den 17. Mai herum und schieben Sie die Tatsache vor, dass an diesem Datum der Weltfernmeldetag der International Telecommunication Union (ITU) ist!

♥929♥ Schaffen Sie sich ein Bildtelefon an und schenken Sie Ihrem Freund auch eines. Dann können Sie sich sehen, wann immer Sie wollen! Dieser Tipp gilt besonders für beruflich veranlasste Wochenendbeziehungen.

♥930♥ Besitzen Sie beide ein Handy? Verlängern Sie doch einmal das Vorspiel für die Liebe nach der Arbeit, indem Sie sich schon vorher anregende SMS schicken.

♥931♥ Wenn Sie getrennte Wohnungen haben: Rufen Sie Ihren Freund noch ein letztes Mal vor dem Schlafengehen an – nur um seine Stimme zu hören.

♥932♥ Überraschen Sie Ihren Partner, wenn Sie bei ihm zu Hause zum Essen eingeladen sind: Warten Sie ab, bis er einmal auf die Toilette muss, holen Sie dann Ihr Handy heraus und sprechen Sie ihm eine schöne Nachricht auf den Anrufbeantworter.

♥933♥ Schicken Sie öfter mal eine SMS mit dem Text »ILD« für »Ich liebe dich«.

♥934♥ Wenn Sie einen gemeinsamen Kuschelabend zu Hause verbringen wollen, ziehen Sie demonstrativ das Telefon aus der Dose.

♥935♥ Falls Ihr Schatz noch kein Handy hat: Schenken Sie ihm eine Telefonkarte und schreiben Sie eine besondere Widmung darauf, etwa: »Damit wir immer in Verbindung bleiben« oder »Nur für Liebesgespräche mit Elke-Mausi«.

Kind & Kegel

♥936♥ Eine US-amerikanische Studie ergab, dass ein gemeinsames Kind auf Platz eins der Romantik-Hitliste der meisten Paare steht. Viele Beziehungen werden dadurch belastet, dass sie keine Kinder bekommen können. Abhilfe bietet in vielen Fällen vermeintlicher Unfruchtbarkeit das »Mind/Body Medical Institue« der Harvard University (824 Boylston Street, Chestnut Hill, MA 02467, Tel. 001/617/9 91 01 02, www.mbmi.org).

♥937♥ Übernehmen Sie gemeinsam eine Patenschaft für ein Kind in Afrika oder einem anderen Land der Dritten Welt. Das kostet Sie im Monat nur ein paar Euro, und Sie können zusammen verfolgen, wie das Kind mit Ihrer Hilfe aufwächst und sich weiterentwickelt. Vielleicht können Sie auch in Briefkontakt treten oder einen Besuch auf die Beine stellen.

♥938♥ Möchten Sie Nachwuchs? www.zappybaby.de übernimmt die Berechnung der fruchtbaren Tage und benachrichtigt Sie jeden Monat per SMS!

♥939♥ Gibt es einen schöneren Tag zur Nachwuchszeugung als den Weltkindertag am 20. November?

♥940♥ Wenn Sie schon ein Baby haben: Teilen Sie Ihr Glück mit dem Rest der Welt! Bei www.zappybaby.de können Sie ein Babytagebuch im Internet führen.

♥941♥ Hütet Ihre Frau immer die Kinder und schmeißt den Haushalt, während Sie im Büro arbeiten? Denken Sie daran, dass die Arbeitszeit Ihrer Frau damit grundsätzlich 24 Stunden am Tag beträgt ... Geben Sie Ihrer Frau einmal frei! Kommen Sie früher nach Hause, versorgen Sie die Kinder und kochen Sie Abendessen, während Ihre Frau sich in einem schönen Vollbad entspannt, das Sie ihr eingelassen haben. Oder bestellen Sie überraschend einen Babysitter und genießen Sie einen gemeinsamen Feierabend.

♥942♥ Arrangieren Sie ein Schäferstündchen zu Hause, während Ihre Kinder in der Schule sind. Verlegen Sie dazu einfach Ihre Mittagspause ein wenig vor.

♥943♥ Basteln Sie eine Laterne und gehen Sie an St. Martin (11.11.) mit dem Kinderumzug mit – egal, ob Sie Kinder haben oder nur zu zweit daran teilnehmen.

♥944♥ Stehen Sie kurz vor der Geburt eines Kindes? Wenn Ihr Mann unbedingt im Kreißsaal dabei sein will: Schenken Sie Ihm eine lustige Versicherung dagegen, dass er dort in Ohnmacht fällt! Angeboten wird eine entsprechende Police von SIR HUCKLEBERRY INSURANCE COMPANY owm.U.A., Keizersgracht 62, NL-1015 CS

Amsterdam, Tel. 00 31 / 20 / 5 20 75 87, www.sir-huckleberry-ins.com.

♥945♥ Falls Sie keine Kinder haben: Besuchen Sie ein Kinderheim oder -krankenhaus und spielen Sie einen Tag lang mit den Kleinen.

♥946♥ Abonnieren Sie die Zeitschrift »Familie & Co«.

From a distance

♥947♥ Chatten Sie öfter zusammen, wenn Ihr Partner auf Geschäftsreise ist? Dann nutzen Sie die Anonymität des Internets doch für eine wirklich gelungene Überraschung: Reisen Sie heimlich in die Stadt, in der sich Ihr Partner aufhält. Setzen Sie zu Hause einen Freund an den Rechner und lassen Sie ihn für ein paar Minuten mit Ihrem Partner so chatten, dass dieser denkt, Sie säßen dort. Gerade dann, wenn Ihr Partner Sie vielleicht viele hundert Kilometer weit weg wähnt, klopfen Sie mit einem schönen Strauß Rosen an seine Tür …

♥948♥ Wenn Ihr Partner von einer Reise nach Hause kommt, hängen Sie schon an das Ortseingangsschild ein großes persönliches Willkommensplakat. Das geht natürlich nur in kleineren Orten, wenn Sie wissen, welchen Weg Ihr Partner nimmt.

♥949♥ Wenn Sie länger verreisen müssen, schenken Sie Ihrem Partner das Lied »Think of me« aus dem »Phantom der Oper« auf CD.

♥950♥ Schicken Sie Ihrem Freund eine Liebeskassette mit Ihrer Stimme, wenn Sie ein paar Tage verreist sind.

♥951♥ Überraschen Sie Ihre Freundin mit einem Kurzbesuch zu Hause, während Sie sich auf einer Geschäftsreise befinden – egal, wie weit Sie gerade weg sind! Steigen Sie notfalls ins Flugzeug – je größer die Entfernung, desto gelungener die Überraschung.

♥952♥ So behalten Sie sich bei Ihrer Freundin in Erinnerung, wenn Sie verreist sind:
Schicken Sie ihr einen Brief mit der Anweisung: »Gehe in die Stadtbibliothek. Suche nach dem Buch mit dem Titel XY. Schlage Seite 213 auf.«
Hoppla, so ein Zufall! Was findet Ihre Freundin dort? Ein Bild von Ihnen!
(Natürlich nur, wenn Sie es vorher auch dort versteckt haben. Wählen Sie ein Buch, das eher selten ausgeliehen wird ...) Denken Sie sich für jeden Tag einen anderen Ort aus, an dem Sie etwas verstecken.

♥953♥ Erinnern Sie Ihren Freund an gemeinsame Zeiten, wenn er beruflich länger an einen anderen Ort ziehen muss: Bitten Sie einen Bekannten mit Fotoausrüstung, Sie an verschiedenen Stellen in der Stadt zu fotografieren. Wählen Sie Orte, an denen Sie früher viel Zeit mit Ihrem Freund verbracht haben. Schicken Sie ihm ab und zu eines der dabei entstandenen Bilder.

♥954♥ Webcambesitzer können ein Küsschen aufnehmen und ihrem Partner das Kurzvideo mailen.

♥955♥ Wenn Sie länger verreist sind, sollten Sie auf Liebesperlen zurückgreifen: Zählen Sie für jeden Tag Ihrer Abwesenheit eine ab und lassen Sie das Fläschlein als »Sehnsuchtskalender« zu Hause.

♥956♥ Auch so können Sie Ihrem Partner das Warten auf Ihre Rückkehr erleichtern: Schneiden Sie ein großes Herz aus einem Stück Pappe aus und teilen Sie es mit einem Filzstift in so viele Flächen auf, wie Sie Tage verreist sind. Jetzt kann Ihr Partner jeden Tag eine Fläche rot ausmalen. Wenn das Herz komplett rot leuchtet, darf er Sie wieder in die Arme schließen!

♥957♥ Bevor Sie auf eine längere Reise gehen: Lassen Sie im Fotogeschäft aus dem Filmnegativ eines schönen Bildes von sich beiden ein Puzzle machen. Verstecken Sie dem Zurückgebliebenen die Puzzleteile an verschiedenen Stellen der Wohnung, an denen er sie im Laufe der Zeit finden wird.

♥958♥ Wenn Sie weit auseinander wohnen, telefonieren Sie in einer klaren Mondnacht. Betrachten Sie den Mond - jeder an seinem Ort - und machen Sie sich klar, dass Sie in diesem Moment beide genau denselben Mond betrachten. Erzählen Sie sich gegenseitig, wie der Mond aussieht, und merken Sie, dass Sie doch nicht so weit voneinander entfernt sind.

♥959♥ Schenken Sie Ihrem Liebling ein Handy, falls er noch keines hat. So können Sie immer und überall miteinander reden, selbst wenn Sie beide viel unterwegs sind.

♥960♥ Falls Sie kein gemeinsames Schlafzimmer haben: Wecken Sie Ihren Freund dennoch mit Ihrer persönlichen Stimme! Kaufen Sie einen Radiowecker mit Kassettendeck und legen Sie ein Band ein, das Sie vorher mit einer liebevollen Weckbotschaft besprochen haben.

♥961♥ Schicken Sie Ihrer Frau spontan von unterwegs eine Ansichtskarte – von der Geschäftsreise, vom Einkaufen, vom Mittagessen. Falls Sie keine Ansichtskarte bekommen können, zeichnen Sie einfach Ihre Umgebung.

♥962♥ Wenn Ihre Frau von einer Geschäftsreise zurückkommt, holen Sie sie am Flughafen ab. Halten Sie als Erkennungszeichen ein riesiges rotes Herz in die Luft, das Sie vorher aus Pappe ausgeschnitten haben.

Für Cineasten

♥963♥ Spielen Sie das »Lach-&-Kuss«-Spiel: Leihen Sie sich einen lustigen Film aus. Jedes Mal, wenn einer von Ihnen beiden lacht, darf er den anderen küssen. Halten Sie den Film dazu an und dehnen Sie den Kuss ruhig etwas länger aus! Wer am meisten lacht, hat vom anderen eine Einschlafmassage gewonnen.

♥964♥ Kennen Sie die Werbedias, die ortsansässige Gaststätten in lokalen Kinos zeigen lassen? Fragen Sie den Kinobetreiber, was es kostet, beim nächsten Film eine Liebesbotschaft für Ihre Freundin vorzuschalten.

♥965♥ Schreiben Sie ein Drehbuch aus den schönsten Momenten Ihrer Beziehung! Unter www.moviescripts.de können Sie sich anschauen, wie ein »echtes« Drehbuch aussieht. Beschreiben Sie genau die verschiedenen Szenenbilder und legen Sie sich die Worte in den Mund, die Sie tatsächlich zueinander gesagt haben.

♥966♥ Was ist Ihre romantischste Liebesszene in einem Film? Spielen Sie den Ausschnitt ohne Ton auf Ihrem Fernseher ab und synchronisieren Sie die Handlung mit Ihren eigenen Worten!

♥967♥ Dasselbe können Sie natürlich auch mit Ihrer liebsten erotischen Filmszene tun …

Die beliebtesten Romantikfilme der letzten Jahre sind

Pretty Woman
E-M@il für dich
Notting Hill
Shakespeare in Love
Die Braut, die sich nicht traut

♥968♥ Für Fortgeschrittene: Nehmen Sie eine Videokamera und drehen Sie Ihre eigene Liebesszene!

♥969♥ Bleiben Sie nach dem Film im Kino einfach einmal sitzen! Kuscheln Sie in der Dunkelheit und Leere des großen Saals.

♥970♥ Verschenken Sie einen Kuss als Daumenkino: Zeichnen Sie Ihre Kusslippen auf die Blätter eines kleinen Blocks, sodass sie im Schnelldurchlauf eine Kussbewegung zeigen!

♥971♥ Versuchen Sie, den Soundtrack zu Ihrem gemeinsamen Lieblingsfilm zu bekommen. Oft sind auch die Hintergrundmusiken zu verschiedenen Szenen auf einer

Soundtrack-CD oder lassen sich über eine Internettauschbörse finden. Schaffen Sie sich mit der Musik zu Hause dieselbe Stimmung wie in Ihrer Lieblingsszene.

♥972♥ Mieten Sie eine ganze Kinovorstellung allein für sich und Ihren Partner – Sie müssen dazu nur entsprechend viele Eintrittskarten kaufen.

♥973♥ Gehen Sie ins Autokino, auch dort sind Sie beide ganz ungestört. Ein Autokino in Ihrer Nähe finden Sie im Branchenbuch.

♥974♥ Oder bauen Sie sich Ihr eigenes Autokino zu Hause; auf diese Weise können Sie sogar den Film völlig selbst bestimmen: Stellen Sie in der Garage oder im Hof einen Fernseher mit Videorekorder vor die Windschutzscheibe Ihres Autos. Mit ein wenig Geschick können Sie den Tonausgang des TV-Gerätes mit Ihrem Verstärker im Auto verbinden. Vergessen Sie das Popcorn nicht …

♥975♥ Kaufen Sie sich eine Hollywoodschaukel für Ihre Veranda.

♥976♥ Machen Sie sich im Garten Ihren eigenen Hollywoodstern! Verewigen Sie sich als Paar in feuchtem Beton – jeder mit Fuß- und Handabdruck und Unterschrift.

♥977♥ Nehmen Sie sich Kissen und eine Kuscheldecke mit ins Kino und machen Sie es sich bequem. Wenn möglich, besuchen Sie ein Kino, das über Paarsitze verfügt.

♥978♥ Überraschen Sie Ihren Freund mit einem »echten« Kino im Schlafzimmer: Leihen Sie sich einen Videoprojektor aus (von Freunden oder einem Partyverleih), schließen Sie ihn an den Videorekorder an und besorgen Sie einen schönen Film. Das Bild können Sie nun an die Wand werfen, so groß wie im Kino, allerdings kuscheln Sie beide sich dabei schön ins Bett.

♥979♥ Reden Sie gemeinsam über Ihre Lieblingsstellen in Kinofilmen, die Sie gesehen haben. Erinnern Sie sich an Stellen, bei denen Sie herzhaft gelacht oder bitterlich geweint haben. Gibt es Übereinstimmungen? Leihen Sie sich den Film aus und spulen Sie gleich zu der Stelle, die Sie beide mögen. Lachen und weinen Sie zusammen darüber!

♥980♥ Ihr nächster Kinobesuch sollte Sie in ein Kino führen, in dem man Platzkarten reservieren kann. Kaufen Sie vorher einen riesengroßen Plüschteddy, den Sie Ihrem Partner schenken wollen, und nehmen sie einen Freund als Komplizen mit. Während Sie und Ihr Schatz sich noch etwas Popcorn holen, setzt Ihr Komplize den großen Teddy auf den Sitz Ihrer Freundin (und passt aus einiger Entfernung auf, dass der Teddy dort auch bleibt). Jetzt können Sie Ihren Partner in den Kinosaal führen …

Einfach lieb zueinander sein

♥981♥ Am 8. März ist der Internationale Frauentag. In Russland wird er ganz besonders ausgiebig gefeiert: Der Mann beschenkt seine Frau an diesem Tag nicht nur; die Betriebe stehen sogar still, damit die Männer zu Hause Ihre Frauen bekochen und bedienen können. Feiern auch Sie bei sich zu Hause! Nehmen Sie sich an diesem Tag für Ihre Frau frei!

♥982♥ Die Frauen können sich auf ähnliche Weise natürlich durch eine (Wieder-)Belebung des Vatertags revanchieren …

♥983♥ Erweisen Sie Ihrer Freundin den ultimativen Liebesdienst: Bringen Sie ihr ein angewärmtes Handtuch ins Bad, wenn Sie aus der Dusche oder Wanne kommt.

♥984♥ Waschen Sie das Auto Ihrer Freundin!

♥985♥ Sorgen Sie im Flugzeug dafür, dass Ihre Frau einen Fensterplatz bekommt.

♥986♥ Nehmen Sie sich ein paar Tage frei, wenn Ihr Liebling krank ist, um ihn gesund zu kuscheln.

♥987♥ Hat Ihre Freundin abends immer kalte Füße und kann deswegen nicht einschlafen? Verweisen Sie sie nicht auf eine Wärmflasche! Geben Sie ihr Ihre eigenen Füße als Wärmequelle und spüren Sie, wie die Energie zwischen Ihren Körpern hin- und herfließt.

♥988♥ Begrüßen Sie Ihren Schatz mit einem heißen Fußbad, wenn er müde und durchgefroren nach Hause kommt.

♥989♥ Am 27. Oktober ist in den USA der »Make a Difference Day«. Die Menschen feiern ihn, indem sie an diesem Tag jeweils einem anderen etwas Gutes tun. Besinnen auch Sie sich darauf, wen Sie gemeinsam an diesem Tag etwas aufheitern können – von guten Taten zu zweit zehrt eine Beziehung noch lange.

♥990♥ Legen Sie kleine Lavendelsäckchen in seinen Kleiderschrank.

♥991♥ Gehen Sie an einem klirrend kalten Morgen heimlich hinaus und stellen Sie die Heizung im Wagen Ihres Mannes an – während er noch beim Frühstückstisch sitzt.

♥992♥ Kratzen Sie die Autoscheiben Ihrer Frau vom Eis frei – während sie noch unter der Dusche steht.

♥993♥ Begleiten Sie Ihren Partner bei einem unangenehmen Termin, vor dem er vielleicht Angst hat: Arzttermin, Prüfung, Gehaltsverhandlungen …

♥994♥ Wenn es Ihrer Freundin schlecht geht, schreiben Sie auf einen kleinen Zettel »Ich bin immer für dich da« und stecken Sie ihn in ihre Handtasche. Vielleicht schreiben Sie noch Ihre Handynummer dazu »… rund um die Uhr, wenn du mich brauchst«.

♥995♥ Tragen Sie Ihre Frau nach einem heftigen Regenguss über eine Pfütze auf der Straße.

♥996♥ Zeigen Sie Interesse für die Vergangenheit Ihres Liebsten: Begleiten Sie ihn zu seinem Klassentreffen oder zu einem Schulfest oder einer Aufführung der Theatergruppe an seiner alten Schule.

♥997♥ Wenn Ihrer Freundin beim Spazierengehen oder Einkaufen die Füße schmerzen, tragen Sie sie huckepack! Oder setzen Sie sich irgendwo hin und massieren Sie ihr die Füße.

♥998♥ Bedanken Sie sich doch mal bei Ihrer Frau dafür, dass sie immer für einen so gut gefüllten Kühlschrank sorgt. Gehen Sie ihr heimlich in den Supermarkt nach. Wenn sie den Einkaufswagen einen Moment aus den Augen lässt, legen Sie eine Packung Schokoherzen hinein. Kleben Sie einen Zettel mit einer netten Botschaft darauf …

♥999♥ Winken Sie Ihrem Schatz morgens aus dem Fenster zu, wenn er zu Arbeit geht. Werfen Sie ihm viele Küsschen hinterher.

♥1000♥ Wenn Ihr Partner Ihnen bei etwas geholfen hat, schreiben Sie ihm eine kleine Danknotiz. Oder verstecken Sie einfach ab und zu einmal einen Zettel mit der Aufschrift »Danke für den schönen Abend« in seiner Aktentasche.

♥1001♥ Nehmen Sie den Ausspruch ernst, Muttertag sei das ganze Jahr über: Machen Sie für Ihre Frau eine schöne Überraschung, die ein ganzes Jahr hält. Sie brauchen dafür etwas Zeit und einige Ideen. Nehmen Sie 365 kleine Zettel und schreiben Sie auf jeden entweder einen Gutschein (»Kuschelfrühstück im Bett«, »Ein schönes Schaumbad zu zweit« usw.) oder ein paar liebe Worte (»Ich bin froh, dass wir uns haben«, »Du hast die schönsten Kusslippen der Welt« usw.). Wenn Ihnen nicht genug Ideen einfallen, können Sie auch welche doppelt benutzen – das Jahr ist ja lang. Falten Sie die Zettel zusammen, so dass sie am Schluss eine große Trommel voller »Lose« haben. Ihre Frau darf nun jeden Tag einen Zettel ziehen. Am schönsten ist es, wenn Sie eine herzförmige Box besorgen und die »Lose« darin überreichen.